■2025年度高等学校受験用

堀越高等学校

収録内容一覧

★この問題集は以下の収録内容となっています。また、編集の都合上、解説、解答用紙を省略させていただいている場合もございますのでご了承ください。

（○印は収録、ー印は未収録）

入試問題と解説・解答の収録内容		解答用紙
2024年度	英語・数学・国語	○
2023年度	英語・数学・国語	○
2022年度	英語・数学・国語	○
2021年度	英語・数学・国語	○
2020年度	英語・数学・国語	○
2019年度	英語・数学・国語	○

★当問題集のバックナンバーは在庫がございません。あらかじめご了承ください。

●凡例●

【英語】

≪解答≫

〔　〕　①別解
　②置き換え可能な語句（なお下線は置き換える箇所が2語以上の場合）
　（例）I am〔I'm〕glad〔happy〕to～

（　）　省略可能な言葉

≪解説≫

1, 2…　本文の段落（ただし本文が会話文の場合は話者の１つの発言）

〔　〕　置き換え可能な語句（なお〔　〕の前の下線は置き換える箇所が２語以上の場合）

（　）　①省略が可能な言葉
　（例）「（数が）いくつかの」
　②単語・代名詞の意味
　（例）「彼（＝警察官）が叫んだ」
　③言い換え可能な言葉
　（例）「いやなにおいがするなべにはふたをするべきだ（＝くさいものにはふたをしろ）」

//　訳文と解説の区切り

cf.　比較・参照

≒　ほぼ同じ意味

【数学】

≪解答≫

〔　〕　別解

≪解説≫

（　）　補足的指示
　（例）（右図１参照）など

〔　〕　①公式の文字部分
　（例）〔長方形の面積〕＝〔縦〕×〔横〕
　②面積・体積を表す場合
　（例）〔立方体ABCDEFGH〕

∴　ゆえに

≒　約、およそ

【社会】

≪解答≫

〔　〕　別解

（　）　省略可能な語

＿＿　使用を指示された語句

≪解説≫

〔　〕　別称・略称
　（例）政府開発援助〔ODA〕

（　）　①年号
　（例）壬申の乱が起きた（672年）。
　②意味・補足的説明
　（例）資本収支（海外への投資など）

【理科】

≪解答≫

〔　〕　別解

（　）　省略可能な語

＿＿　使用を指示された語句

≪解説≫

〔　〕　公式の文字部分

（　）　①単位
　②補足的説明
　③同義・言い換え可能な言葉
　（例）カエルの子（オタマジャクシ）

≒　約、およそ

【国語】

≪解答≫

〔　〕　別解

（　）　省略してもよい言葉

＿＿　使用を指示された語句

≪解説≫

〈　〉　課題文中の空所部分（現代語訳・通釈・書き下し文）

（　）　①引用文の指示語の内容
　（例）「それ（＝過去の経験）が　～」
　②選択肢の正誤を示す場合
　（例）（ア，ウ…×）
　③現代語訳で主語などを補った部分
　（例）（女は）出てきた。

／　漢詩の書き下し文・現代語訳の改行部分

堀越高等学校

所在地	〒164-0011 東京都中野区中央2-56-2
電　話	03-3363-7661
ホームページ	https://www.horikoshigakuen.ed.jp/
交通案内	JR中央線・地下鉄東西線　中野駅より徒歩15分 地下鉄丸ノ内線・都営大江戸線　中野坂上駅より徒歩12分

普通科

男女共学

くわしい情報はホームページへ

応募状況

年度	募集数	受験数	合格数	倍率
2024	推薦180名 一般180名	194名 584名	194名 547名	1.0倍 1.1倍
2023	推薦180名 一般180名	194名 449名	194名 433名	1.0倍 1.0倍
2022	推薦180名 一般180名	197名 422名	197名 415名	1.0倍 1.0倍

試験科目　（参考用：2024年度入試）

推薦：面接

一般：国語・数学・英語，面接

教育理念

本校は，生徒一人ひとりが夢の実現を目指す学校である。校訓の“太陽の如く生きよう”は，生徒一人ひとりが伸び伸びと，生き生きと個性を活かして成長できる学園であることを表現している。

◆堀越精神

一．礼に始まり礼に終わる

一．ルールを守る

一．ベストを尽くす

一．フォア・ザ・チーム

一．たゆまぬ鍛錬・研究・努力

教育方針

思いやりと礼節・協調する姿勢を持ち，可能性を信じ，自信を持って生きる姿勢を貫き，基礎学力・コミュニケーション力・問題解決力を備えた生徒の育成をめざし，人としての基本を忘れない教育を実践している。

特色

◆未来を開く３つのコース

画一的な枠に捉われず，生徒の個性を伸ばす教育を実践するために，独自のコース制を導入。生徒の将来の夢に合わせて選択できる。

〈総合コース〉

本校へ入学後に将来の進路を決めたいと考えている生徒のためのコース。目標の決まった生徒は，目標に合わせた学習に取り組む。

〈体育コース〉

将来は，大学や社会人スポーツ界，プロのスポーツ選手を目指す生徒のコース。サッカー部，硬式野球部，陸上競技部への入部を希望する生徒は，必ず本コースを受験する。

〈トレイトコース〉

歌手，役者，プロスポーツ選手など，プロフェッショナルな活動を行っている高校生が，学業との両立を目的とするコース。

進路指導

本校卒業生の進路は，大学・短大・専修学校・就職など多岐にわたる。そのため，生徒一人ひとりの資質，個性を重視し，本人と保護者の希望を総合的に考慮しながら指導を行う。個人面談を多く設け，生徒の心の声を聴く機会を増やし，生徒自身が本当に進みたい道を考えさせる指導を実践している。

編集部注―本書の内容は2024年5月現在のものであり，変更されている場合があります。正確な情報は，学校のホームページ等で必ずご確認ください。

出題傾向と今後への対策 英語

出題内容

	2024	2023	2022
大問数	4	4	4
小問数	25	25	25
リスニング	○	×	×

◎試験時間は３教科で90分。大問４題，小問数25問程度である。主な出題内容は放送問題や対話文形式の読解問題，適語(句)選択，対話文完成などである。

2024年度の出題状況

1 放送問題

2 適語(句)選択・語形変化

3 長文読解総合―Ｅメール

4 長文読解総合―対話文

解答形式

2024年度　記　述／マーク／併　用

出題傾向

長文は短めの対話文形式で，図表を読み解く問題が多い。設問は英問英答が中心である。適語(句)選択は必ず出題されているが，標準的な問題で基礎学力を試すものとなっているので，基本的な文法がしっかり身についていれば難しくはない。放送問題は短めの英文を聞いてそれに合う文や絵を選ぶ形式。

今後への対策

中学校で学ぶ内容が確実に身についているか問われるので，教科書の復習をていねいにしっかりやること。教科書の重要構文を声に出して読んだり何度も手で書いたりして，全文暗記できるとよい。日頃の学習で疑問が生じたら辞書や参考書で調べるか，先生に質問するなどして解決しよう。過去問を解いて傾向をつかむのも大切。

英語出題分野一覧表

分野 ＼ 年度			2022	2023	2024	2025 予想※
音声	放送問題				●	◎
	単語の発音・アクセント					
	文の区切り・強勢・抑揚					
語彙・文法	単語の意味・綴り・関連知識					
	適語(句)選択・補充		●	●	●	◎
	書き換え・同意文完成					
	語形変化				●	△
	用法選択					
	正誤問題・誤文訂正					
	その他					
作文	整序結合					
	日本語英訳	適語(句)・適文選択				
		部分・完全記述	●	●	●	◎
	条件作文					
	テーマ作文					
会話文	適文選択		●	●		◎
	適語(句)選択・補充					
	その他					
長文読解	内容把握	主題・表題				
		内容真偽				
		内容一致・要約文完成				
		文脈・要旨把握	■	■	●	◎
		英問英答	■	■	■	◎
	適語(句)選択・補充					
	適文選択・補充					
	文(章)整序					
	英文・語句解釈(指示語など)		●	●		◎
	その他					

●印：１～５問出題，■印：６～10問出題，★印：11問以上出題。
※予想欄　◎印：出題されると思われるもの。　△印：出題されるかもしれないもの。

出題傾向と今後への対策　数学

出題内容

2024年度

大問４題，18問の出題。1は計算問題５問。2は方程式の計算３問と因数分解，数量の計算。数量の計算は，濃度と食塩水の量から，含まれる食塩の量を求めるもの。3は数と式からの問題。１か月の費用と利用回数から，１回当たりの費用などを求めるもの。4は関数で，一次関数のグラフに関する問題。交点の座標や図形の面積などが問われている。

2023年度

大問４題，18問の出題。1は数・式の計算問題が５問。2は方程式の計算が３問と，因数分解，数量を計算する問題の計５問。3は連立方程式の応用問題。仕事を完成させる日数などが問われている。4は関数で，一次関数のグラフを利用した問題。図形の面積を２等分する直線などが問われている。

作…作図問題　証…証明問題　グ…グラフ作成問題

解答形式

2024年度	記　述／マーク／併　用

出題傾向

試験時間が正味30分程度で，大問数４題，総小問数17～20問。1は数・式の計算が４～５問，2は数と式，方程式，関数などで，計５～８問の出題となっている。3以降は各分野の総合問題で，関数，図形，数と式などから出題されている。基本的な計算力や知識を問うもの中心の出題である。

今後への対策

まずは，毎日欠かさず計算練習をしよう。数・式の計算，方程式の計算は，確実に正解を導き出せるように。また，関数，図形の分野は，公式や定理，性質をしっかり覚え，それらを使えるようにしよう。教科書の確認問題や練習問題で，定理などを確認し，その後基本問題集を使って繰り返し演習をするようにするとよい。

◆◆◆◆◆ 数学出題分野一覧表 ◆◆◆◆◆

分野		2022	2023	2024	2025 予想※
数と式	計算，因数分解	★	★	★	◎
	数の性質，数の表し方				
	文字式の利用，等式変形				
	方程式の解法，解の利用	★	★	★	◎
	方程式の応用		★		△
関　数	比例・反比例，一次関数		★	★	◎
	関数$y=ax^2$とその他の関数	★			△
	関数の利用，図形の移動と関数				
図　形	（平面）計　量				
	（平面）証明，作図				
	（平面）その他				
	（空間）計　量				
	（空間）頂点・辺・面，展開図				
	（空間）その他				
データの活用	場合の数，確率				
	データの分析・活用，標本調査				
その他	不 等 式				
	特殊・新傾向問題など				
	融合問題				

●印：１問出題，□印：２問出題，★印：３問以上出題。
※予想欄　◎印：出題されると思われるもの。　△印：出題されるかもしれないもの。

出題傾向と今後への対策 国語

出題内容

2024年度

一 小説
二 語句
三 語句
四 漢字
五 慣用句
六 文学史

課題文
一 青山美智子『木曜日にはココアを』

2023年度

一 小説
二 語句
三 慣用句
四 語句
五 漢字
六 文章の構成

課題文
一 森　絵都『リズム』

2022年度

一 小説
二 漢字
三 慣用句
四 文章の構成
五 四字熟語
六 漢字

課題文
一 原田マハ『ささやかな光』

解答形式

2024年度	記述／マーク／併用

出題傾向

全体として，国語の知識に関する問題の占める割合が高い。読解問題は，課題文も短く，設問も基本的な読解力を試すものばかりである。課題文は，著名な作家などの作品から選ばれることが多いようである。国語の知識に関する問題は，語句関連の出題が目立つ。これらも，基本的なレベルのものばかりである。

今後への対策

読解問題については，日頃から少しずつ問題集で練習を積んでおけばよい。国語の知識については，慣用句・四字熟語・語句など，分野ごとに参考書などを使って知識を整理し，最後に問題集で確認しておくとよいだろう。漢字の復習も怠らずに。

◆◆◆◆◆ 国語出題分野一覧表 ◆◆◆◆◆

分野		年度	2022	2023	2024	2025予想※
現代文	論説文・説明文	主題・要旨				
		文脈・接続語・指示語・段落関係				
		文章内容				
		表現				
	随筆・日記・手紙	主題・要旨				
		文脈・接続語・指示語・段落関係				
		文章内容				
		表現				
		心情				
	小説	主題・要旨		●		△
		文脈・接続語・指示語・段落関係	●			△
		文章内容	●	●	●	◎
		表現	●	●		◎
		心情	●	●		◎
		状況・情景				
韻文	詩	内容理解				
		形式・技法				
	俳句・和歌・短歌	内容理解				
		技法				
古典	古文	古語・内容理解・現代語訳				
		古典の知識・古典文法				
	漢文	(漢詩を含む)				
国語の知識	漢字・語句	漢字	●	●	●	◎
		語句・四字熟語	●	●	●	◎
		慣用句・ことわざ・故事成語	●	●	●	◎
		熟語の構成・漢字の知識				
	文法	品詞		●		△
		ことばの単位・文の組み立て				
		敬語・表現技法				
	文学史				●	△
作文・文章の構成・資料			●	●		◎
その他						

※予想欄　◎印：出題されると思われるもの。　△印：出題されるかもしれないもの。

合格を勝ち取るための

本書の使い方

本書に掲載されている過去問をご覧になって，「難しそう」と感じたかもしれません。でも，大丈夫。ほとんどの受験生が同じように感じるのです。高校入試の出題範囲は中学校の定期テストに比べて広いですし，残りの中学校生活で学ぶはずの，まだ習っていない内容からも出題されているかもしれません。

ですから，初めて本書に取り組む際には，点数を気にする必要はありません。点数は本番で取れればいいのです。

過去問で重要なのは「間違えること」です。自分の弱点を知るために，過去問に取り組むのです。当然，間違った問題をそのままにしておいては意味がありません。

本書には，長年にわたって高校受験に関わってきたベテランスタッフによる詳細な解説がついています。間違えた問題は重点的に解説を読み，何度も解きなおしてください。時にはもう一度，教科書で復習するのもよいでしょう。

別冊として，抜き取って使える解答用紙を収録しました。表示してあるように拡大コピーをとれば，実際の入試と同じ条件で，何度でも過去問に取り組むことができます。特に記述問題では解答欄の大きさがヒントになる場合があります。そうした，本番で使える受験テクニックの練習ができるのも，本書の強みです。

前のページにある「出題傾向と今後への対策」もよく読んで，本校の出題傾向に慣れておきましょう。

2024年度　堀越高等学校

【英　語】

英語・数学・国語 合わせて90分，各100点

1 英文を聞いて答える問題です。(1)から(3)はトムのことばに続くレナのことばとして最もふさわしいものを、ア～ウからそれぞれ1つずつ選び、記号で答えなさい。(4)、(5)は絵を見て答える問題です。英文の内容に最もふさわしい絵をア～エからそれぞれ1つずつ選び、記号で答えなさい。

(1) ア. I'm fifteen years old.
　イ. I'm from Japan.
　ウ. I'm playing tennis.

(2) ア. He likes English.
　イ. He was a good swimmer.
　ウ. He watched TV.

(3) ア. We can go there by bus.
　イ. We are good friends.
　ウ. We will take some pictures.

(4)

(5)
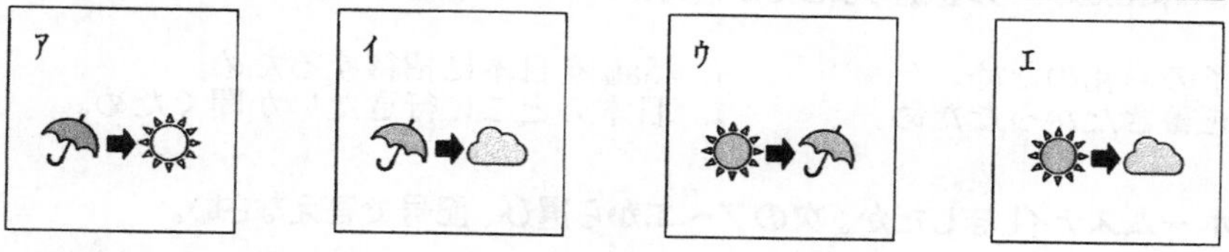

※ リスニングテストの台本は，英語の問題の終わりに収録しています。

2 次の各英文が正しくなるように、(　　)内から適切な語句を選び、記号で答えなさい。

(1) How many (ア. student　イ. a student　ウ. students) are there in your classroom?

(2) The juice is made (ア. of　イ. in　ウ. from) grapes.

(3) Yuto is looking forward to (ア. seeing　イ. saw　ウ. see) his friends.

(4) This book (ア. is writing　イ. was written　ウ. writes) by Jiro Horikoshi.

(5) English is (ア. good　イ. better　ウ. best) than math because it's more fun.

3 次の E メールは、Minato がホームステイでお世話になった Sam に送ったものです。下の問いに答えなさい。

From:	Minato (minato@horihori.jp)
To:	Sam (Samsam@horihori.jp)
Subject:	Thank you for taking care of me.
Date:	January 10th, 2024

Dear Sam,

Hello, Mr. Sam. How have you been?
These days, I have enjoyed studying English and talking with my friends from overseas.
The reason why I am writing to you is that I want to say thank you for welcoming me into your home for two weeks. You gave me a lot of experiences such as trying new foods and activities.
Surfing was very fun for me because the sea was clear.
In addition, I was so happy to hold a koala in a zoo.
In the end, I spent very happy time talking and going around your town with your family. And I heard you will come to Japan next month. ①私はあなたにもう一度会いたいです and to show you around my town. I'm looking forward to your reply.

best,
Minato
PS: Please be careful when you come to Japan, it is the coldest season.

(1) なぜ Minato は Sam にこのメールを送りましたか。次のア～エから選び、記号で答えなさい。

ア. ホームステイのお礼のため。　イ. Sam を日本に招待するため。
ウ. 英文の手紙を書きたかったため。　エ. 日本のどこに行きたいか聞くため。

(2) Minato は何週間ホームステイしましたか。次のア～エから選び、記号で答えなさい。

ア. 1 週間　イ. 2 週間　ウ. 3 週間　エ. 4 週間

(3) 動物園ではどんな動物と触れ合いましたか。次のア～エから選び、記号で答えなさい。

ア. Kangaroo　イ. Rabbit　ウ. Hamster　エ. Koala

(4) いつ Sam たちは日本に来ますか。次のア～エから選び、記号で答えなさい。

ア. 1 月　イ. 2 月　ウ. 9 月　エ. 10 月

(5) 下線部①「私はあなたにもう一度会いたいです」を英語にしなさい。

(6) Minato はどこの国にホームステイしたと考えられますか。次のア～エから選び、記号で答えなさい。

ア. カナダ　イ. ロシア　ウ. イギリス　エ. オーストラリア

4 由衣(Yui)と源(Gen)は祖父へ渡すプレゼントを選んでいます。英文と次の「ウェブサイト(Website)」を読み、下の問いに答えなさい。ただし、解答は日本語と英語のどちらで答えても構いません。

Gen : Next Tuesday is our grandfather's birthday. I want to give him a birthday present.
Yui : Oh, great! Do you have any ideas?
Gen : I found this website. Would you like to choose something from these?
Yui : OK! Hmm… I think the watch is the best present. Our grandfather's hobby is collecting watches.
Gen : Certainly! But this watch is too expensive.
Yui : How about this PC case? It is cheap.
Gen : Good idea! Wait…Please look at this sentence. We get free shipping if we buy over 5,500 yen.
Yui : Oh no! The PC case is not enough. We still have money to spare, right?
Gen : I agree. How about the belt?
Yui : It's sold out. Today is August 9th, it is just one week until my grandfather's birthday.
Gen : I don't think it will arrive in time.
Yui : Then there is only one answer.
Gen : That's right. This bag is made in the UK. This is our grandfather's hometown.
Yui : How nice! By the way, do you have any points?
Gen : Yes, I do. I have 300 points now.
Yui : If we buy this bag, we will have 450 points.
Gen : What should we exchange it for?

問1 次の質問の答えとなる適切な語句を上の英文を参考にして、簡潔に答えなさい。

(1) What is their grandfather's hobby?

(2) Why didn't they buy watches?

(3) When is their grandfather's birthday?

(4) What did they finally decide to buy?

(5) What kind of place is the UK?

問2 次の質問の答えとなる適切な語句を次のウェブサイト(Website)を参考にして、簡潔に答えなさい。

(1) Which item is the cheapest?

(2) Which one will arrive the fastest?

(3) Where was the watch made?

(4) What can they exchange for if they buy the bag?

【Exchange your points】

Shopping Gift card 400 points	Restaurant coupon 700 points
Movie ticket 1000 points	Sports ticket 1250 points
HoriHori Land 1500 points	Travel ticket 2000 points

英語リスニングテスト台本

これから、英語のリスニングテストを始めます。放送の指示にしたがって答えなさい。なお、英文を聞きながらメモをとってもかまいません。

1《だいもんいち》は英文を聞いて答える問題です。(1)から(3)はトムのことばに続くレナのことばとして最もふさわしいものをア、イ、ウからそれぞれ１つずつ選び、記号で答えなさい。(4)、(5)はイラストを見て答える問題です。英文の内容に最もふさわしいイラストをア、イ、ウ、エからそれぞれ１つずつ選び、記号で答えなさい。

英文はそれぞれ２回読みます。では、始めます。

(1) ＞ *Tom*: Where do you come from? ＜

(2) ＞ *Tom*: What did your brother do last night? ＜

(3) ＞ *Tom*: How can we get to the museum? ＜

(4) ＞ I took a picture of my cats. There are three cats in this picture. ＜

(5) ＞ It will be sunny in the morning and rainy in the afternoon tomorrow. ＜

これでリスニングテストの問題を終わります。

【数　学】

1 次の計算をしなさい。

(1)　$5+(-2)^3\div 2$

(2)　$\frac{9}{4}\times\left(-\frac{10}{3}\right)+\frac{7}{5}\div\frac{14}{15}$

(3)　$\sqrt{32}+2\sqrt{2}-2\sqrt{50}$

(4)　$xy^2\div x^3y\times(-xy)^3$

(5)　$(2\sqrt{5}+3)(\sqrt{20}-3)$

2 次の各問いに答えなさい。

(1)　一次方程式　$\frac{x+4}{3}=\frac{3x+5}{2}$　を解きなさい。

(2)　二次方程式　$x^2-5x+2=0$　を解きなさい。

(3)　連立方程式　$\begin{cases}3x-4y=1\\ y=x+1\end{cases}$　を解きなさい。

(4)　$4x^2-9$　を因数分解しなさい。

(5)　7% の食塩水300 g に含まれる食塩の量は何 g か求めなさい。

3 あるスポーツジムの会費は1か月7,000円です。このスポーツジムは24時間営業しており，1日に何度も利用することができます。このとき，次の各問いに答えなさい。

（1） このスポーツジムを1か月で14回利用したとき，1回分の費用はいくらになりますか。

（2） このスポーツジムを1か月で10回利用したときの1回分の費用と，（1）の1回分の費用との差額はいくらになりますか。また，（1）と比較して費用が高いか，安いか選びなさい。

（3） 1回分の費用が350円となるのは，このスポーツジムを何回利用したときですか。

（4） 1回分の費用を270円以下にしたいと考えています。このとき，1か月に少なくともこのスポーツジムを何回利用すればよいですか。

4 右の図のように，直線①，②があり，その交点をAとする。直線②の方程式は$y = 4x - 8$である。直線①はy軸との交点Bが$(0,\ 4)$であり，点$(-4,\ -4)$を通る直線である。直線①，②のx軸との交点をそれぞれC，Dとするとき，次の各問いに答えなさい。

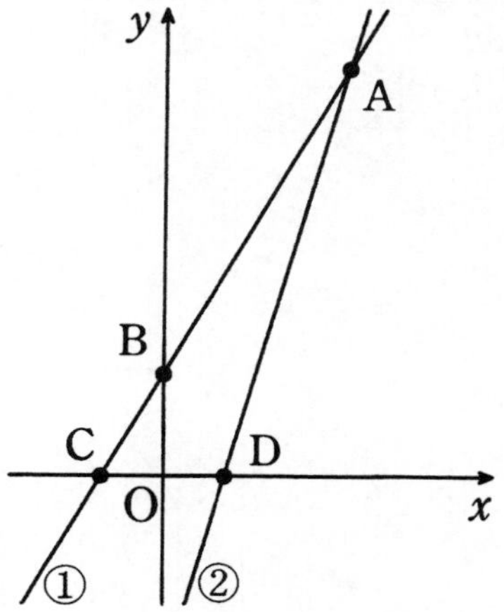

（1） 直線①の方程式を求めなさい。

（2） 交点Aの座標を求めなさい。

（3） △ACDの面積を求めなさい。

（4） 点B，Dを結んでできる△ABDの面積を求めなさい。

三

次の①～⑤の□に入る最も適切な語を、後の語群からそれぞれ抜き出して答えなさい。ただし、同じ語は二度使用しないこと。

① 一人で旅行をしたことがない。□、海外旅行はできそうにない。
② 折りたたみ傘を持ってきた。□、雨が降る予報だったからだ。
③ もう日が暮れてしまった。□、そろそろ勉強するとしよう。
④ トマトは栄養価が高い。□、苦手に感じる人が少なくない。
⑤ 彼女は父の姉の子どもだ。□、私のいとこにあたる人物である。

〈語群〉 さて ・ つまり ・ なぜなら ・ ましてや ・ ところが

四

次の①～⑤について、例にならって□に当てはまる適切な漢字を一字入れ、熟語を完成させなさい。

【例】（後日・日常・日光・明日）

上：後　左：明　中央：日　右：常　下：光

①
上：都　左：大　中央：□　右：得　下：釈

②
上：勘　左：予　中央：□　右：規　下：期

③
上：幾　左：貴　中央：□　右：荷　下：責

④
上：意　左：指　中央：□　右：星　下：書

⑤
上：出　左：収　中央：□　右：豆　下：税

五

次の①～⑤について、□に共通して当てはまる適切な漢字を一字入れ、慣用句を完成させなさい。

① □がつく ・ □に油を注ぐ ・ □花を散らす
② □が合う ・ □をのむ ・ □が詰まる
③ □が立つ ・ □を割る ・ □を決める
④ □がいい ・ □の知らせ ・ □の居所が悪い
⑤ □が立たない ・ □に衣着せぬ ・ □を食いしばる

六

次の①～⑤の文学作品と作者の組み合わせとして、正しいものには〇、正しくないものには×で答えなさい。

① 『吾輩は猫である』　夏目漱石
② 『伊豆の踊子』　大江健三郎
③ 『たけくらべ』　樋口一葉
④ 『羅生門』　太宰治
⑤ 『注文の多い料理店』　宮沢賢治

問2　傍線部①〜⑤のカタカナを漢字に直しなさい。

問3　傍線部㋐「えな先生の爪はきれいなピンクなんだよ」とあるが、萌香ちゃんがきれいと言ったのは、私のどのような爪か。本文中から十一字で抜き出して答えなさい。

問4　傍線部㋑「私の願いは通じていた」とあるが、私の願いとはどのようなものか。「という願い。」につながるように、本文中から四十三字で抜き出し、はじめと終わりの五字をそれぞれ答えなさい。

問5　傍線部㋒「なんだかきまり悪そうにそっぽを向き」とあるが、その理由として最も適切なものを次の中から一つ選び、記号で答えなさい。

ア．私がネイルをしていたことに対して厳しく注意したが、園児の前でさらに爪をけなしていたことが私に知られてやるせなくなったから。

イ．私がネイルをしていたことに対して厳しく注意したが、園児の前で爪をうらやましがっていたことが私に知られて申し訳なかったから。

ウ．私がネイルをしていたことに対して厳しく注意したが、園児の前で爪の良さを力説していたことが私に知られて頭にきたから。

エ．私がネイルをしていたことに対して厳しく注意したが、園児の前で爪をほめていたことが私に知られて恥ずかしかったから。

問6　本文中の□A□に当てはまる適切な漢字を一字入れ、慣用句を完成させなさい。

問7　傍線部㋓「私も経験があるの」とあるが、自身の経験を通して、泰子先生が私に伝えたいことは何か。「ということ。」につながるように、本文中から四十四字で抜き出し、はじめと終わりの五字をそれぞれ答えなさい。

問8　傍線部㋔「ひとつひとつがライブなんだ」とあるが、私のこの言葉の意味として最も適切なものを次の中から一つ選び、記号で答えなさい。

ア．その場で答えを考える必要があり、失敗しても後戻りができないため、注意深く考えることが大切ということ。

イ．その時々で何が適切かを判断し、正解のない答えに近づくために考え続けることが大切ということ。

ウ．その場、その場で何が一番盛り上がるかを考え続け、自分も成長することが大切ということ。

エ．その時々で子ども達の反応が違うため、その反応の違いや雰囲気を楽しむことが大切ということ。

二

次の①〜⑤について、（　）内の意味になるよう、□に当てはまる最も適切な漢字を一字入れ、三字熟語を完成させなさい。

① 金字□（後世に残る優れた業績のこと）

② □飯事（日常の中でありふれていること）

③ □天気（物事を深く考えないこと）

④ 生半□（中途半端で未熟なこと）

⑤ 間一□（物事が非常に差し迫っていること）

家族一緒にいられると思うんです。私も萌香ときれいなピンクの爪になれるように、元気で、笑顔でいたいと思います」

お母さんが笑ったときの目元は、萌香ちゃんとよく似ている。

おかあさーん、と萌香ちゃんの明るい声がして、こちらに向かって走ってくるのが見えた。

「さびしいわねぇ、お別れなんて」

振り返るといつのまにか泰子先生がいて、私は「ひっ！」と飛び上がった。道端でⓐ突然ヘビに出くわしたみたいな私に、泰子先生が眉《まゆ》をひそめる。

「そんなにⓑ驚かなくても。挨拶しようと思ってさっきからそばにいたけど、出て行ける雰囲気じゃなかったから」

泰子先生は、㋒なんだかきまり悪そうにそっぽを向き、門に向かって歩き出した萌香ちゃん親子に目をやった。

私は「あの……」と切り出したが、かぶせるように泰子先生は言う。

「べつに、あなたのことかばったわけじゃないから。まあ、でも……」

泰子先生はやっと、私の顔を見た。

「がんばってるっていうのは、本当でしょ」

泰子先生がいつになくⓒ穏やかな口調で言うので、私は　A　食らってしまった。もしかしたら、私のことを意外とわかってくれているのかもしれない。そう思ったら、なんだかジンときた。そんな私をちらりと見ると、泰子先生は強い口調で言った。

「だいたいねぇ、ちゃんと説明してくれれば私だって頭ごなしに注意したりしなかったのよ。ふてくされた顔で④ダマってないで、ちゃんと話してくれたらよかったのに」

いつものようにきつく言われているのに、威圧的には感じなかった。泰子先生自身じゃなくて、私の受け止め方が変わったからだと気づく。

「どう説明すればいいのか、よくわからなかったんです。瑠々ちゃんのお母さんが怒るのも無理ないって思うし」

私が答えると、泰子先生はふと⑤シンケンな表情を浮かべた。

「わからなくても、話してほしい。㋓私も経験があるの。あなたぐらいのころ、色付きのリップクリームを塗っててね。ⓓ口紅ってほどじゃなかったんだけど、子どもを抱っこした拍子に、シャツについてしまって。男の子だったの。その子のお母さんからいかがわしいって非難されたわ」

「そんな……」

「ううん、私が悪い。だからなるべく体に色をつけないようにしてきたの。一方で、ちょっとはお化粧するのが大人の身だしなみだって言うお母さんもいる。いろんな考え方があるからね。あなたのネイルにしたって、萌香ちゃんの爪噛み治しにひと役買ったのは間違いないと思う。でも、必ずしもいい方向に行くとは限らないし、すべての保護者さんが受け入れてくれるかはわからない。かんじんの子どもたちにとって何がいいかは、私たちがそのつど肌で感じるしかないのよ」

私はうなずいた。不思議なくらい心が落ち着いていた。

㋔ひとつひとつがライブなんだ。ⓔ試行錯誤で、体当たりで、合っているかどうかわからない正解を探し続ける。毎日毎日、音を立てるように大きくなっていく子どもたち。ひとりひとりと向き合いながら、きっと私も、伸びていく。

― 青山美智子『木曜日にはココアを』より ―

問1　傍線部ⓐ～ⓔの漢字の読みをひらがなで答えなさい。

二〇二四年度
堀越高等学校

【国　語】

問いに字数制限がある場合、句読点などの文章記号も字数に含めます。

一　**次の文章を読んで、後の問いに答えなさい。**

「萌香がお世話になりました」

「……萌香ちゃん、お引っ越ししちゃうんですね」

「ええ」

　ほんの少し間があって、何か言わなくてはと思ったところでお母さんが口を開いた。

「えな先生。萌香ね、爪噛《か》みが治ったんですよ」

　お母さんが静かな笑みをたたえて言う。

「あの子、前は指の爪ぜんぶ噛んでしまって、ひどいときは血が出るくらいで……。悩みました。育児書を読むと、やめなさいと叱ってはいけないとか、愛情不足が原因だとかって書いてあるし。こんなに大事に想ってるつもりなのにどうしてって、まるで自分が責められているようにも思いました」

「………」

「一ヵ月ぐらい前、㋐えな先生の爪はきれいなピンクなんだよって、うれしそうに話してました。萌香もあんなきれいな手になりたいって。だから爪はもう噛まないって、自分から。ギザギザで伸びる間もなかった爪が、今ではちゃんと揃《そろ》ってます」

　萌香ちゃんのお母さんは声を①フルわせる。私も胸がいっぱいになって、②ナミダがこぼれそうだった。ああ、よかった。㋑私の願いは通じていた。私がマコちゃんに憧《あこが》れたように、萌香ちゃんが私のピンクのネイルを素敵だと感じてくれたなら、爪噛みしなくなるかもしれないと思ったのだ。

「ありがとうございます」

　深々とお③ジギをするお母さんに、私はしどろもどろになって言った。

「でも、私、すぐにネイル取っちゃったから、萌香ちゃんガッカリしたんじゃないかと思います」

　お母さんは身体を起こす。

「いいえ。萌香がきれいだと言ってたのは、ネイルを取ったあとの爪のことです」

「え？」

「泰子先生から、聞いてません？」

　聞いていない、何も。泰子先生の名前が出てくること自体、予想外だった。

「最初はネイルをかわいいと思ったみたいで、それがきっかけだったのはたしかです。でも、えな先生がネイルを取ったあと、泰子先生がみんなに言ったんですって。えな先生の手は、働き者の手だよねって。たくさん笑って、たくさん食べて、なんでも楽しくがんばっていると、えな先生みたいにきれいな爪になるよ。大人になってから、爪に色を塗ってオシャレしたいなと思ったとき、元気な爪だったら素敵だよって」

　……泰子先生が、そんなこと？

　びっくりして、何も言えなかった。萌香ちゃんのお母さんは、自分の手をじっと見る。

「爪って健康のバロメーターですもんね。私、しばらく自分の爪なんか見てなかった。夫は仕事が忙しくてほとんど家にいなくて、ひとりで育児を背負ってる気がして……キリキリしてたなあって気づきました。転勤先では、もっと

英語解答

1 (1) イ　(2) ウ　(3) ア　(4) エ
(5) ウ

2 (1) ウ　(2) ウ　(3) ア　(4) イ
(5) イ

3 (1) ア　(2) イ　(3) エ　(4) イ
(5) (例) I want to see you again
(6) エ

4 問1 (1) 腕時計を集めること〔His hobby is collecting watches.〕
(2) 値段が高すぎたから〔Because the watch was too expensive.〕
(3) 8月16日〔His birthday is August 16th.〕
(4) かばん〔They decided to buy the bag.〕
(5) 祖父の故郷〔It's their grandfather's hometown.〕

問2 (1) パソコンケース〔It's the PC case.〕
(2) 腕時計〔It's the watch.〕
(3) アメリカ〔It was made in the USA.〕
(4) ショッピングギフトカード〔shopping gift card〕

1 〔放送問題〕解説省略

2 〔適語(句)選択・語形変化〕

(1)How many「いくつの」の後には名詞の複数形がくる。　「何人の生徒があなたの教室にいますか」

(2)ぶどうを‘原料’としてジュースがつくられる，という場合には be made from ～「～でできている」を用いる。　「そのジュースはぶどうでできている」

(3)look forward to ～「～を楽しみに待つ」の to は前置詞で，‘～’には動名詞(～ing)や名詞が当てはまる。　「ユウトは友達に会うのを楽しみにしている」

(4)‘be＋過去分詞＋by ～’「～によって…される」という受け身の文。　write－wrote－written　「この本はホリコシジロウによって書かれた」

(5)than の前には比較級がくる。　good－better－best　「数学より楽しいので英語の方がいい」

3 〔長文読解総合―Eメール〕

≪全訳≫差出人：ミナト(minato@horihori.jp)／宛先：サム(Samsam@horihori.jp)／件名：お世話になりありがとうございました。／日付：2024年1月10日／サムさんへ❶こんにちは，サムさん。お元気でしたか？❷最近，私は英語を勉強することや，海外出身の友達と話すことを楽しんでいます。❸あなたにお手紙を書いているのは，2週間家に迎え入れてくれたことにお礼を言いたいからです。あなたのおかげで，新しい食べ物や活動に挑戦するといったたくさんの経験ができました。海がきれいだったので，サーフィンは私にとってとても楽しかったです。❹さらに，動物園でコアラを抱けてとてもうれしかったです。❺最後に，あなたのご家族とお話ししたり，一緒に町を回ったりして，とても幸せな時間を過ごしました。それから，あなたが来月日本に来ると聞きました。私はあなたにもう一度会いたいです，そしてあなたに私の町を案内したいです。お返事を楽しみにしています。／心を込めて／ミナト／追伸：日本に来るときは気をつけてください。最も寒い季節です。

(1)<要旨把握>件名および第3段落第1文参照。　thank you for ～ing「～してくれてありがとう」

(2)<要旨把握>第3段落第1文に two weeks「2週間」とある。

(3)<要旨把握>第4段落に koala「コアラ」とある。　zoo「動物園」

(4)＜要旨把握＞メールの日付がJanuary「1月」で，第5段落第2文にnext month「来月」とある。

(5)＜和文英訳＞「～したい」はwant to ～やwould like to ～，I hope to ～，wish to ～などで表せる。「会う」はseeやmeetで表せる。「もう一度」にはagainやonce more，one more timeなどが使える。

(6)＜要旨把握＞コアラがいることから，オーストラリアだと推測できる。

4〔長文読解総合─対話文〕

≪全訳≫❶源(G)：次の火曜日はおじいちゃんの誕生日だね。おじいちゃんに誕生日プレゼントをあげたいな。❷由衣(Y)：まあ，いいわね！　何かアイデアはある？❸G：このウェブサイトを見つけたんだ。この中から何か選んだらどうかな？❹Y：いいわよ！　うーん…。腕時計が一番いいプレゼントだと思うわ。おじいちゃんの趣味は腕時計を集めることだもの。❺G：確かに！　でも，この腕時計は高すぎるよ。❻Y：このパソコンケースはどう？　安いわよ。❼G：いい考えだね！　待って…。この文章を見てよ。5500円以上買えば，送料が無料になる。❽Y：あら，やだ！　パソコンケースだけじゃ足りないわ。まだお金はあるわよね？❾G：賛成。ベルトはどうかな？❿Y：売り切れよ。今日は8月9日だから，おじいちゃんの誕生日までちょうど1週間ね。⓫G：到着が間に合わないと思うよ。⓬Y：じゃあ，答えは1つしかないわね。⓭G：そうだね。このかばんはイギリス製だよ。イギリスはおじいちゃんの故郷だ。⓮Y：なんてすてきなんでしょう！　ところで，ポイントはある？⓯G：うん。今，300ポイントあるよ。⓰Y：もしこのかばんを買えば，450ポイントになるわね。⓱G：ポイントを何に交換したらいいかな？

特別な人への贈り物／腕時計／2万4000円(240ポイント)／アメリカ製／配送日数：1日／かばん／1万5000円(150ポイント)／イギリス製／配送日数：3日／ベルト／9500円(95ポイント)／ブラジル製／売り切れ：2日／パソコンケース／5000円(50ポイント)／イタリア製／配送日数：4日／5500円以上のご注文で送料無料

ポイントの交換／ショッピングギフトカード：400ポイント／レストランのクーポン：700ポイント／映画のチケット：1000ポイント／スポーツチケット：1250ポイント／ホリホリランド：1500ポイント／旅行券：2000ポイント

問1＜英問英答＞(1)「祖父の趣味は何か」─「腕時計を集めること」　第4段落最終文参照。collect「～を集める」　(2)「なぜ2人は腕時計を買わなかったのか」─「値段が高すぎたから」　第5段落最終文参照。　too ～「～すぎる」　expensive「(値段が)高い」　(3)「祖父の誕生日はいつか」─「8月16日」　第10段落最終文参照。8月9日の1週間後。　(4)「2人は最終的に何を買うことに決めたか」─「かばん」　第12，13段落参照。　(5)「イギリスはどんな場所か」─「祖父の故郷」　第13段落第2，3文参照。　the UK〔the United Kingdom〕「イギリス，英国」　hometown「故郷」

問2＜英問英答・表を見て答える問題＞(1)「どの商品が最も安いか」─「パソコンケース」　表にある4品の値段を比較する。　(2)「どの商品が最も早く届くか」─「腕時計」　表にある4品のDELIVERY「配送日数」を比較する。　(3)「腕時計はどこでつくられたか」─「アメリカ」　表のwatchの項目参照。　made in ～「～でつくられた，～製」　(4)「もしかばんを買うと，何と交換できるか」─「ショッピングギフトカード」　第16段落に，かばんを買えば450ポイントになるとある。表から，400ポイントでショッピングギフトカードと交換できることがわかる。

数学解答

1 (1) 1　(2) -6　(3) $-4\sqrt{2}$　(4) $-xy^4$　(5) 11

2 (1) $x=-1$　(2) $x=\dfrac{5\pm\sqrt{17}}{2}$　(3) $x=-5,\ y=-4$　(4) $(2x+3)(2x-3)$　(5) 21g

3 (1) 500円　(2) 200円，高い　(3) 20回　(4) 26回

4 (1) $y=2x+4$　(2) $(6,\ 16)$　(3) 32　(4) 24

1〔独立小問集合題〕

(1)＜数の計算＞$(-2)^3=(-2)\times(-2)\times(-2)=-8$ より，与式 $=5+(-8)\div2=5+(-4)=5-4=1$ となる。

(2)＜数の計算＞与式 $=\dfrac{9}{4}\times\left(-\dfrac{10}{3}\right)+\dfrac{7}{5}\times\dfrac{15}{14}=-\dfrac{9\times10}{4\times3}+\dfrac{7\times15}{5\times14}=-\dfrac{15}{2}+\dfrac{3}{2}=-\dfrac{12}{2}=-6$

(3)＜数の計算＞与式 $=\sqrt{4^2\times2}+2\sqrt{2}-2\sqrt{5^2\times2}=4\sqrt{2}+2\sqrt{2}-2\times5\sqrt{2}=4\sqrt{2}+2\sqrt{2}-10\sqrt{2}=-4\sqrt{2}$

(4)＜式の計算＞与式 $=xy^2\div x^3y\times(-x^3y^3)=-\dfrac{xy^2\times x^3y^3}{x^3y}=-xy^4$

(5)＜数の計算＞$\sqrt{20}=\sqrt{2^2\times5}=2\sqrt{5}$ より，与式 $=(2\sqrt{5}+3)(2\sqrt{5}-3)=(2\sqrt{5})^2-3^2=4\times5-9=20-9=11$ となる。

2〔独立小問集合題〕

(1)＜一次方程式＞両辺を6倍して，$2(x+4)=3(3x+5)$，$2x+8=9x+15$，$2x-9x=15-8$，$-7x=7$　$\therefore x=-1$

(2)＜二次方程式＞解の公式より，$x=\dfrac{-(-5)\pm\sqrt{(-5)^2-4\times1\times2}}{2\times1}=\dfrac{5\pm\sqrt{17}}{2}$ となる。

(3)＜連立方程式＞$3x-4y=1$……①，$y=x+1$……②とする。②を①に代入して，$3x-4(x+1)=1$，$3x-4x-4=1$，$-x=5$　$\therefore x=-5$　これを②に代入して，$y=-5+1$　$\therefore y=-4$

(4)＜式の計算―因数分解＞与式 $=(2x)^2-3^2=(2x+3)(2x-3)$

(5)＜数量の計算＞7％の食塩水300gに含まれる食塩の量は，300gのうちの7％に当たる量である。7％は $\dfrac{7}{100}$ を表すので，含まれる食塩の量は，$300\times\dfrac{7}{100}=21$(g)である。

3〔数と式―数量の計算〕

≪基本方針の決定≫(4)　1回分の費用が270円になるときの回数を考える。

(1)＜費用＞1か月7000円なので，14回利用したときの1回分の費用は，$7000\div14=500$(円)となる。

(2)＜差額，費用の大小＞1か月で10回利用したときの1回分の費用は，(1)と同様にして，$7000\div10=700$(円)となる。(1)より，14回利用したときの1回分の費用は500円だから，差額は，$700-500=200$(円)である。また，10回利用したときの1回分の費用は，14回利用したときの1回分の費用より高い。

(3)＜回数＞1回分の費用が350円となるのは，$7000\div350=20$ より，20回利用したときである。

(4)＜回数＞1回分の費用が270円になるとすると，$7000\div270=\dfrac{700}{27}$ より，$\dfrac{700}{27}$ 回利用したときとなる。$\dfrac{700}{27}=25+\dfrac{25}{27}$ であり，1か月の利用回数が増えると，1回分の費用は安くなるので，1回分の費用を270円以下にするには，1か月に少なくとも26回利用すればよい。

4 〔関数—一次関数のグラフ〕

≪基本方針の決定≫(3)　点Aのy座標から，CDを底辺と見たときの高さがわかる。また，2点C，Dの座標から，CDの長さを考える。　(4)　△ABD＝△ACD－△BCDと考える。

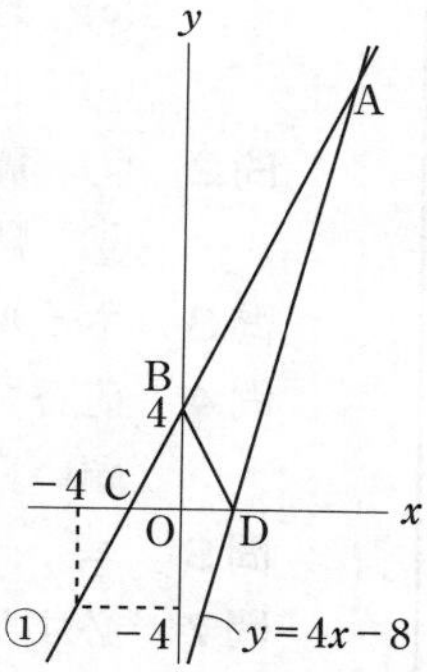

(1)**<直線の式>**右図で，直線①は，y軸上のB(0，4)を通ることより，切片は4だから，傾きをaとすると，その式は$y=ax+4$とおける。点(－4，－4)も通るので，$x=-4$，$y=-4$を代入して，$-4=a\times(-4)+4$より，$4a=8$，$a=2$となる。よって，直線①の式は，$y=2x+4$である。

(2)**<座標>**右図で，(1)より，点Aは，直線$y=2x+4$と直線$y=4x-8$の交点である。この2式からyを消去して，$2x+4=4x-8$，$-2x=-12$，$x=6$となり，これを$y=2x+4$に代入して，$y=2\times6+4$，$y=16$となる。よって，A(6，16)である。

(3)**<面積>**右図で，(2)より，点Aのy座標が16だから，△ACDは，底辺をCDと見ると，高さは16となる。点Cは直線$y=2x+4$とx軸の交点だから，$y=0$を代入して，$0=2x+4$，$-2x=4$，$x=-2$より，C(－2，0)である。また，点Dは直線$y=4x-8$とx軸の交点だから，同様にして，$0=4x-8$，$-4x=-8$，$x=2$より，D(2，0)である。よって，2点C，Dのx座標より，CD＝2－(－2)＝4となるから，△ACD＝$\frac{1}{2}\times4\times16=32$となる。

(4)**<面積>**右上図で，△ABD＝△ACD－△BCDであり，(3)より，△ACD＝32である。また，B(0，4)だから，△BCDは，底辺をCD＝4と見ると，高さは4であり，△BCD＝$\frac{1}{2}\times4\times4=8$である。よって，△ABD＝32－8＝24となる。

＝読者へのメッセージ＝

平方根の記号(√‾)は，ドイツの数学者ルドルフによる1525年の著書で使われたのが最初といわれています。ルドルフは，上の横線のない記号(√)を使っていましたが，後に，フランスの数学者デカルトによって，今のような形になりました。

国語解答

一
問１　ⓐ　とつぜん　ⓑ　おどろ
ⓒ　おだ　ⓓ　くちべに
ⓔ　しこうさくご
問２　①　震　②　涙　③　辞儀
④　黙　⑤　真剣
問３　ネイルを取ったあとの爪
問４　萌香ちゃん～もしれない［という願い。］
問５　エ　　問６　面
問７　必ずしもい～わからない［ということ。］
問８　イ

二　①　塔　②　茶　③　能〔脳〕
④　可　⑤　髪

三　①　ましてや　②　なぜなら
③　さて　④　ところが
⑤　つまり

四　①　会　②　定　③　重　④　図
⑤　納

五　①　火　②　息　③　腹　④　虫
⑤　歯

六　①　○　②　×　③　○　④　×
⑤　○

一　〔小説の読解〕出典：青山美智子『木曜日にはココアを』。

≪本文の概要≫私のもとに，引っ越していく園児の萌香の母が挨拶に来た。私は，自分の爪を素敵だと思ってくれたら萌香の爪嚙みの癖が治るかもしれないと考え，ピンクのネイルを塗ったことで，瑠々の母に怒られ，泰子先生からもきつく注意されたのだったが，おかげで萌香の癖が治ったと，萌香の母から礼を言われた。私は，それを聞いて自分の期待どおりになったと喜んだ。しかし，萌香が影響されたのはネイルを取った後の爪で，泰子先生が私の爪を褒めたことがきっかけだったと聞き，私は驚いた。私は，日頃強い口調で注意されていて，泰子先生に威圧的な感じや苦手意識を持っていたが，泰子先生は自分のことを意外とわかってくれているのかもしれないと思った。そして，泰子先生が自分の若い頃の失敗談を話してくれたこともあって，私は，泰子先生に信頼をおくようになる。私は，幼児教育は一つ一つがライブだと痛感し，試行錯誤しながらも園児と一緒に成長していこうと決心する。

問１＜漢字＞ⓐ「突然」は，物事が急に起こる様子。　ⓑ音読みは「驚嘆」などの「キョウ」。　ⓒ音読みは「穏健」などの「オン」。　ⓓ「口紅」は，唇に塗る化粧品のこと。　ⓔ「試行錯誤」は，あれこれやってみて失敗を繰り返しながら，解決法を追求すること。

問２＜漢字＞①音読みは「地震」などの「シン」。　②音読みは「感涙」などの「ルイ」。　③「辞儀」は，会釈や挨拶のために頭を下げること。　④音読みは「沈黙」などの「モク」。　⑤「真剣」は，真面目に本気で物事に取り組む様子。

問３＜文章内容＞萌香が「きれいだと言って」いたのは，「私」の「ネイルを取ったあとの爪のこと」だった。

問４＜文章内容＞「私」は，「萌香ちゃんが私のピンクのネイルを素敵だと感じてくれたなら，爪嚙みしなくなるかもしれない」と思って，ピンクのネイルを塗っていったのである。

問５＜文章内容＞泰子先生は，「挨拶しようと思ってさっきからそばに」いた。だが，泰子先生が園児たちの前で，「えな先生の手は，働き者の手」で「きれいな爪」だと褒めていたと話がされていたので，泰子先生は，「出て行ける雰囲気」じゃないと思い，隠れていたのだった。泰子先生は，ネイルのことで「私」を「頭ごなしに注意」していた手前，「私」を褒めていたことを本人に知られて照れくさく感じ，「私」から視線を外したのである。

問6＜慣用句＞「面食らう」は，突然のことに驚き戸惑う，という意味。

問7＜文章内容＞かつて泰子先生は，男児のシャツに色つきのリップクリームをつけてしまって，その母親から「非難された」ことがあった。泰子先生は，今回のネイルのことについて，結果的に「萌香ちゃんの爪噛み治しにひと役買ったのは間違いない」が，幼稚園教諭が化粧をして園児に接することが「必ずしもいい方向に行くとは限らないし，すべての保護者さんが受け入れてくれるかはわからない」ということを伝えようとしたのである。

問8＜文章内容＞泰子先生は，「子どもたちにとって何がいいかは，私たちがそのつど肌で感じるしかない」と言った。「私」は，泰子先生の言葉を聞いて，幼稚園教諭の仕事は「試行錯誤で，体当たり」しながら，「そのつど」で何が適切かを判断し，「合っているかどうかわからない正解を探し続ける」のだと思ったのである。

二〔語句〕

①「金字塔」は，後世に残り続ける業績のこと。歴史的に優れた記録のこと。　②「茶飯事」は，ごくありふれたこと。　③「能天気」は，軽薄でむこうみずであること。のんきでばかげていること。「脳天気」とも書く。　④「生半可」は，物事が中途半端で不十分であること。　⑤「間一髪」は，事態がきわめて差し迫っていること。

三〔語句〕

①「ましてや」は，前に程度の著しい場合の例を挙げ，その場合でさえそうなのだから，この場合はもちろんそうだ，という意味を表す。　②「なぜなら」は，「から」と呼応し，理由を表す。　③「さて」は，話題の転換を表す。　④「ところが」は，逆接を表す。　⑤「つまり」は，言い換えや要約を表す。

四〔漢字〕

①「都会」「会釈」「大会」「会得」という熟語になる。　②「勘定」「定期」「予定」「定規」という熟語になる。　③「幾重」「重責」「貴重」「重荷」という熟語になる。　④「意図」「図書」「指図」「図星」という熟語になる。　⑤「出納」「納税」「収納」「納豆」という熟語になる。

五〔慣用句〕

①「火がつく」は，あることがもととなって事件などが持ち上がる，という意味。「火に油を注ぐ」は，勢いの盛んなものに，さらに勢いを加える，という意味。「火花を散らす」は，激しく争う，という意味。　②「息が合う」は，物事を行う様子や気分がぴったり合う，という意味。「息をのむ」は，恐れや驚きなどで一瞬息を止める，という意味。「息が詰まる」は，緊張しすぎて息苦しくなる，という意味。　③「腹が立つ」は，怒りを覚える，という意味。「腹を割る」は，本音で話し合う，という意味。「腹を決める」は，覚悟する，決心する，という意味。　④「虫がいい」は，自分の都合ばかり考えて，他人のことを全く考えない様子。「虫の知らせ」は，直感や予感のこと。「虫の居所が悪い」は，機嫌の悪い様子。　⑤「歯が立たない」は，力が遠く及ばない，という意味。「歯に衣着せぬ」は，思ったとおりのことを遠慮なくずけずけ言う，という意味。「歯を食いしばる」は，耐えがたいことをぐっと我慢する，という意味。

六〔文学史〕

①『吾輩は猫である』は，明治38～39(1905～06)年にかけて発表された，夏目漱石の小説。　②『伊豆の踊子』は，大正15(1926)年に発表された，川端康成の小説。　③『たけくらべ』は，明治28(1895)年に発表された，樋口一葉の小説。　④『羅生門』は，大正４(1915)年に発表された，芥川龍之介の小説。　⑤『注文の多い料理店』は，大正13(1924)年に発表された，宮沢賢治の童話。

Memo

Memo

Memo

2023年度 堀越高等学校

【英　語】

英語・数学・国語 合わせて90分，各100点

1 次の各英文が正しくなるように、(　　)内から適切な語句を選び、記号で答えなさい。

(1) He (ア. writes　イ. wrote　ウ. is writing) a fan letter to his favorite idol two years ago.

(2) I go to Horikoshi high school (ア. on　イ. by　ウ. with) foot.

(3) It is (ア. exciting　イ. excited　ウ. excite) to read Japanese comic books.

(4) Tim will (ア. have　イ. get　ウ. take) part in the speech contest the day after tomorrow.

(5) She can't buy sandwiches now because she left her (ア. key　イ. passport　ウ. wallet) at home.

2 次の各英文の応答として最もふさわしいものをア～オから1つずつ選び、記号で答えなさい。

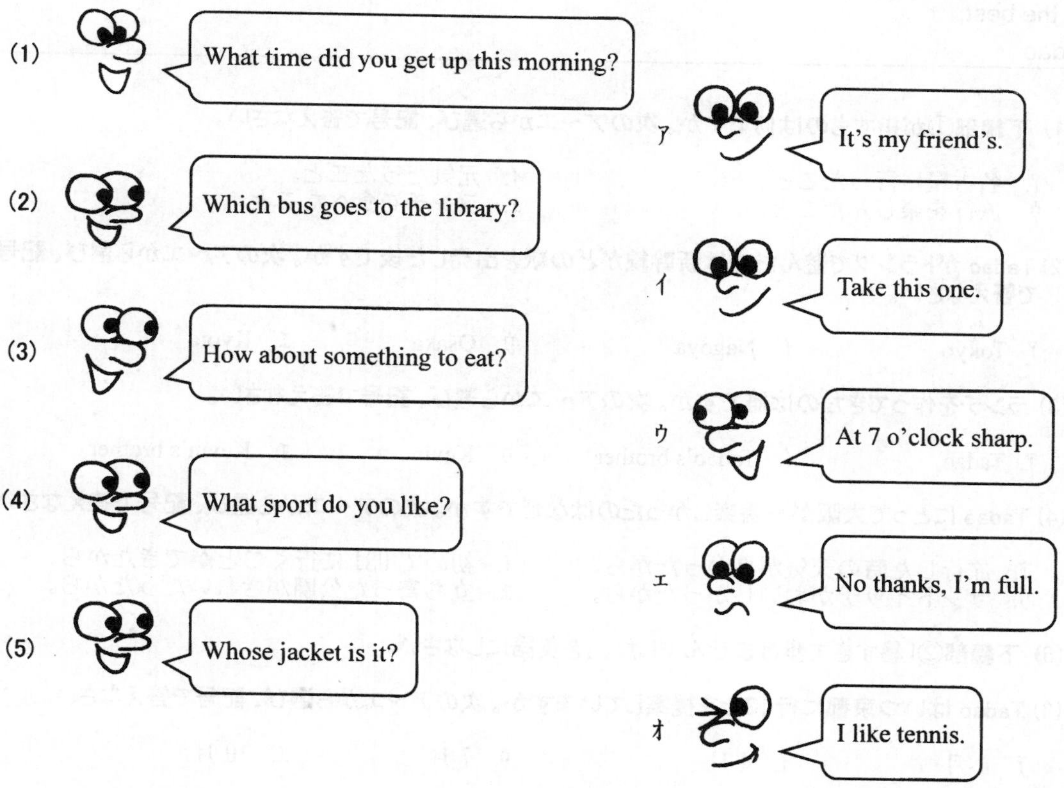

(1) What time did you get up this morning?
(2) Which bus goes to the library?
(3) How about something to eat?
(4) What sport do you like?
(5) Whose jacket is it?
ア It's my friend's.
イ Take this one.
ウ At 7 o'clock sharp.
エ No thanks, I'm full.
オ I like tennis.

3 次の E メールは、Tadao が友人の Kevin に送ったものです。下の問いに答えなさい。

From:	Tadao (Tadao-tokyo@horihori.com)
To:	Kevin (kevin-states@horihori.com)
Subject:	Summer trip
Date:	Friday, August 19, 2022

Dear Kevin,

Hi, how are you doing? I'm doing good. The trip with you and my brother was a lot of fun. I really had a good time. I hope you ①did, too. After the shinkansen left Tokyo for Nagoya, we played cards, didn't we? You won many times and were the best player!
Do you remember the park in Nagoya? We had lunch there. My brother said he loved the sandwiches that you made for lunch. I want to have the ham and cheese sandwich again. Nagoya was really good, but I enjoyed Osaka the most because it was my first time to go to USJ. It was great. When we were in Kyoto, ②暑すぎて歩けませんでした。 So, how about visiting the city again in the fall? I think both you and my brother will like Kyoto in that season.
After all, visiting Osaka is the best memory in the trip for me. What is your best? I'm looking forward to your message.

All the best,
Tadao

(1) 下線部①が指すものは何ですか。次のア～エから選び、記号で答えなさい。

ア. 名古屋に行ったこと。　イ. 元気だったこと。
ウ. 旅行を楽しんだこと。　エ. ランチを食べたこと。

(2) Tadao がトランプで遊んだのは新幹線がどの駅を出発した後ですか。次のア～エから選び、記号で答えなさい。

ア. Tokyo　イ. Nagoya　ウ. Osaka　エ. Kyoto

(3) ランチを作ってきたのは誰ですか。次のア～エから選び、記号で答えなさい。

ア. Tadao　イ. Tadao's brother　ウ. Kevin　エ. Kevin's brother

(4) Tadao にとって大阪が一番楽しかったのはなぜですか。次のア～エから選び、記号で答えなさい。

ア. 旅行した時の天気が良かったから。　イ. 初めて USJ に行くことができたから。
ウ. サンドイッチがおいしかったから。　エ. 立ち寄った公園がきれいだったから。

(5) 下線部②「暑すぎて歩けませんでした。」を英語にしなさい。

(6) Tadao はいつ京都に行くことを提案していますか。次のア～エから選び、記号で答えなさい。

ア. 1月　イ. 4月　ウ. 7月　エ. 10月

4 キイ(Kii)とアツ(Atsu)は中学3年生で、工藤先生(Ms. Kudo)は2人の担任の先生です。3人は休み時間に集まって話をしています。英文と次の「チラシ(flyer)」を読み、下の問いに答えなさい。ただし、解答は日本語と英語のどちらで答えても構いません。

Ms. Kudo : Hi, there! What are you talking about?

Kii : We are talking about an event in Nakano city.

Ms. Kudo : What kind of event is it?

Atsu : It has many courses. We can learn about nature, the environment, and things like that.

Kii : We can also learn problems of our environment such as global warming, water pollution, and garbage problem.

Ms. Kudo : That sounds interesting! Which course do you want to take?

Kii : I am interested in the global warming course. I want to learn how CO_2 is produced and affects our lives.

Ms. Kudo : Sounds great! What about you, Atsu?

Atsu : I want to take the garbage problem course. I want to know about the garbage floating in the sea. I heard that sea animals sometimes die because of eating the garbage.

Ms. Kudo : That's right. I think so, too.

Atsu : And I can get a reusable bag!

Ms. Kudo : Using it is one of the ways to reduce the amount of garbage.

Kii : So we are going to join the event. What do you think?

Ms. Kudo : I think that's a great idea.

Atsu : After winter vacation, we will tell you the thing which we learned in the event.

Ms. Kudo : Really? I look forward to it!

問1 上の英文を参考にして、次の質問に簡潔に答えなさい。

(1) Why do sea animals die?

(2) What can they get when they join the event?

(3) What does Ms. Kudo look forward to?

問2 右のチラシを参考にして、次の質問に簡潔に答えなさい。

(1) What date is the event held on?

(2) How many courses does the event have?

(3) How old do they have to be to join the event at least?

(4) すべてのコースの中で最も時間がかかるコースは何ですか。

(5) 水質汚染コースの対象年齢は何歳以上ですか。

(6) 13歳の子どもを対象にしているコースをすべて答えなさい。

Let's learn about the environment!!!

<Date> 17(SAT) December, 2022

<Place> HORION PARK

○ Global warming course

The target age for this course is 12 years old and above. This course takes 40 minutes. You will watch a video. After that, you will learn about global warming through many activities. It costs ¥500.

○ Water pollution course

The target age for this course is 15 years old and above. This course takes 30 minutes. You will go to the pond in the park. It costs ¥300.

○ Garbage problem course

The target age for this course is 14 years old and above. This course takes 40 minutes. After that, you will pick up trash in the park for 15 minutes. It costs ¥500.

○ Deforestation course

The target age for this course is 13 years old and above. This course takes 20 minutes. Bring your own shoes. It costs ¥300.

☆Participants can get a reusable bag.

【数　学】

1 次の計算をしなさい。

（1）　$6-(-4)^2\div 2$

（2）　$\frac{5}{3}\times\frac{9}{10}+\frac{5}{14}\div\frac{1}{7}$

（3）　$5\sqrt{6}-\sqrt{24}+\sqrt{54}$

（4）　$5x^4y^3\div 10x^2y^5\times(-2xy)^3$

（5）　$(\sqrt{10}-3\sqrt{3})(2\sqrt{10}+\sqrt{3})$

2 次の各問いに答えなさい。

（1）　一次方程式　$\frac{4x-7}{3}=2x-5$　を解きなさい。

（2）　二次方程式　$x^2+3x-10=0$　を解きなさい。

（3）　連立方程式　$\begin{cases} y=2x-4 \\ 5x+2y=1 \end{cases}$　を解きなさい。

（4）　$64x^2-9y^2$　を因数分解しなさい。

（5）　4%の食塩水 125g に含まれる食塩の量は何 g か求めなさい。

3 ある仕事を完成させるのに，1日で全体の5%を終えられるAさんと，同じ仕事を1日で全体の8%を終えられるBさんがいる。このとき，次の各問いに答えなさい。

（1） Aさんが1人で仕事を完成させるのは何日目か求めなさい。

（2） Bさんが1人で仕事を完成させるのは何日目か求めなさい。

（3） Bさんの仕事の早さは，Aさんの仕事の早さの何倍か求めなさい。

（4） 最初にAさんが仕事を進めていたが，数日後にBさんと交代をした。AさんとBさんが仕事を完成させるのに，ちょうど14日かかった。Aさんが仕事をした日数を求めなさい。ただし，2人が重複して仕事を進めた日はないものとする。

4 2つの直線 $y=x+6$ …①，$y=-\frac{1}{2}x+3$ …②がある。
点Aは2つの直線の交点，点Bは直線①と x 軸との交点，
点Cは直線②と x 軸との交点であるとき，次の各問いに答えなさい。

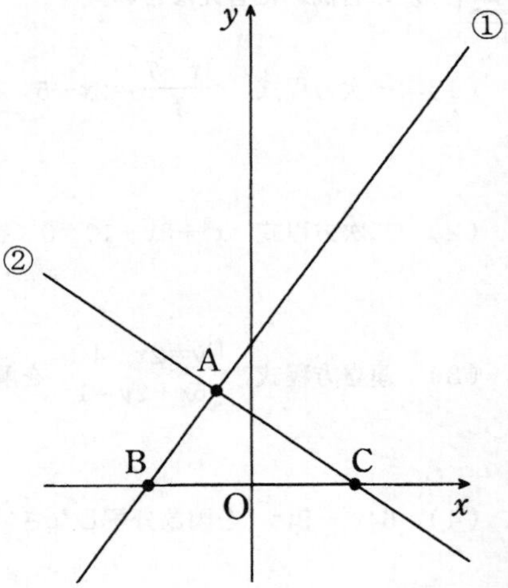

（1） 点Aの座標を求めなさい。

（2） △ABCの面積を求めなさい。

（3） 点Aを通り，△ABCの面積を2等分する直線の式を求めなさい。

（4） 直線①と y 軸との交点をDとするとき，△ABCと△AODの面積比を，最も簡単な整数比で求めなさい。

四

次の①～⑤の□に入る最も適切な語を、後の語群からそれぞれ抜き出して答えなさい。ただし、同じ語は二度使用しないこと。

① 遠いところを□来てくれてありがとう。

② 彼の日々の努力には□かなわない。

③ 雪が□降っていて、寒い日が続いている。

④ この時間にテストがあることを□忘れていた。

⑤ 水道の修理は□休日に来ていただけると幸いです。

〈語群〉 とうてい・ずいぶん・なるべく・わざわざ・うっかり

五

次の①～⑤について、例にならって□に当てはまる適切な漢字を一字入れ、熟語を完成させなさい。

【例】

	後	
明	日	常
	光	

（後日・日常・日光・明日）

①

	布	
磁	□	段
	像	

②

	明	
流	□	空
	座	

③

	当	
最	□	陣
	物	

④

	大	
細	□	具
	事	

⑤

	執	
直	□	箱
	記	

六

「私は縁の下の力持ちのような存在になりたい。」に続くよう、次の文を正しい順番に並び替え、記号で答えなさい。

私は縁の下の力持ちのような存在になりたい。

A だから、土台となり皆を支える裏方がいなければ組織は成り立たないため、私自身がそうした存在になっていきたい。

B 私は、中学生の時から演劇部に所属し、演者として熱心に活動してきた。

C 演劇を行う中で最も大切なことは、演者の演技力だとかねてより思ってきた。

D なぜなら、これから大人になるうえで大切なことであると実感したからだ。

E しかし、照明や衣装、音響を担当する人がいなければ演劇として成り立たず、演者が輝くことはできないと気付いた。

問6　傍線部㋒「あたしは『え』と息をのんだ」とあるが、さゆきの心情の変化として最も適切なものを次の中から一つ選び、記号で答えなさい。

ア．真ちゃんがスティックを差し出すという意外な行動に驚いたが、これからの楽しみが増え、わくわくした。

イ．真ちゃんがスティックを差し出すという意外な行動に驚いたが、演奏しなければならないと思い、嫌だった。

ウ．真ちゃんがスティックを差し出すという意外な行動に驚いたが、差し出した理由がわからず、不安だった。

エ．真ちゃんがスティックを差し出すという意外な行動に驚いたが、自分を深く考えてくれていると実感し、うれしかった。

問7　傍線部㋓「さゆきだけのリズム」とあるが、そのリズムはさゆきにとってどのようなものか。本文中から四十六字で抜き出し、はじめと終わりの五字をそれぞれ答えなさい。

問8　次の各文について、本文の内容と一致するものには○、一致しないものには×で答えなさい。

ア．真ちゃんに背中を押されて、さゆきは独り立ちをすることができた。

イ．真ちゃんの話を聞き、さゆきは自分だけのリズムをとれるか試した。

ウ．真ちゃんに自分の想いをやっとわかってもらい、さゆきは安心した。

エ．真ちゃんが言った一言で、さゆきは張りつめていた緊張がほぐれた。

二

次の①～⑤について、（　　）内の意味になるよう、□に当てはまる適切な漢字を一字入れ、三字熟語を完成させなさい。

① 付焼□　（一時しのぎで知識などを身につけること）

② 一目□　（わき目もふらず必死に走っていくこと）

③ □一重　（ほんのちょっとした差のこと）

④ □頂天　（大喜びしてつい我を忘れること）

⑤ 両成□　（争いごとを起こした両者をともに罰すること）

三

次の①～⑤について、（　　）内の意味になるよう、□に体の部分を表す適切な漢字を一字入れ、慣用句を完成させなさい。

① □が早い　（うわさを素早く聞きつけること）

② □を探る　（それとなく相手の心を探ること）

③ □角を現す　（技量などが人より優れてくること）

④ □をなで下ろす　（心配事が解決して安心すること）

⑤ □を巻く　（すばらしさに驚いて感心すること）

「いられるよ、きっと」

真ちゃんの大きな瞳《ひとみ》が、［　B　］とあたしを④ツツみこむ。

いつだってあたしの気持ちを一番わかってくれた真ちゃんの声。

おぼえておこう。

ひとことも、心からもらさないように。

「真ちゃん」

スティックをギュッとにぎりしめて、あたしは瞳を持ちあげた。

「ありがとう」

そして、

「たっしゃでね」

泣かずに言えた。

ひんやりとした木のⓔ感触が、てのひらのなかであたたまっていく。

［　C　］と、思ったより重たい。

トン、トン、とあたしは⑤サッソクそのスティックでひざを打ってみた。

ワン、トゥー、スリー。

ワン、トゥー、スリー。

あたしのリズム——。

—— 森絵都『リズム』より ——

問1　傍線部ⓐ～ⓔの漢字の読みをひらがなで答えなさい。

問2　傍線部①～⑤のカタカナを漢字に直しなさい。

問3　本文中の［　A　］～［　C　］に当てはまる適切な語を次の中から選び、それぞれ記号で答えなさい。また、選択肢の中で一つだけ異なる品詞がある。その品詞名を答えなさい。

ア．持ち上げる

イ．からり

ウ．ふんわり

エ．きらきら

問4　傍線部㋐「真ちゃんの背中が語りかけてくる」とあるが、真ちゃんは何を伝えたかったのか。「であるということ。」につながるように、端的に示している箇所を本文中から十字で抜き出して答えなさい。

問5　傍線部㋑「心のなかでリズムをとるんだ」とあるが、なぜリズムをとる必要があると考えたのか。その理由として最も適切なものを次の中から一つ選び、記号で答えなさい。

ア．心の中でリズムをとることで、気持ちに迷いが生じるから。

イ．心の中でリズムをとることで、気持ちが明るくなるから。

ウ．心の中でリズムをとることで、気持ちを落ち着けられるから。

エ．心の中でリズムをとることで、気持ちがたかぶってくるから。

二〇二三年度
堀越高等学校

【国語】

問いに字数制限がある場合、句読点などの文章記号も字数に含めます。

一　次の文章を読んで、後の問いに答えなさい。

飲みかけの紅茶を床に置き、真ちゃんはすっくと立ちあがった。

「さゆき、自分のリズムを大切にしろよ」

「リズム？」

「うん。いつも言ってるけどさ、一番大切なのはリズムなんだ」

①マドベの勉強机へと歩みより、引きだしのなかをまさぐりながら、㋐真ちゃんの背中が語りかけてくる。

「ライブハウスで歌なんかうたってると、まわりの雑音がやけに気になるときがある。タチの悪い客が飛ばすⓐ野次や、ひそひそ話、鼻水すする音まで。そういうのに気をとられると、自分の思うようにうたえなくなったりしてさ、くやしくってあせると、よけいメチャクチャになる」

「ふうん」

こんな話、はじめてきいた。

「で、どうするの？　そんなとき」

「㋑心のなかでリズムをとるんだ」

真ちゃんが②イキオいよくふりかえる。

「おれのリズム。まわりの音なんて関係ない、おれだけのリズムをとりもどすんだ。心のなかをからっぽにして、ワン、トゥー、スリー、ワン、トゥー、スリー……ってⓑ拍子をとる。そうするとⓒ不思議に気持ちがらくになって……」

「それで？」

「また思うようにうたえるようになるんだ」

どきっとするほどまっすぐに笑って、真ちゃんがあたしの前にふたたび腰かけた。右手には以前、プレハブで目にしたドラムのスティックをにぎっている。

「これ、やるよ。さゆきに」

ふいに目の前にさしだされたⓓ一対のスティックに、㋒あたしは「え」と息をのんだ。

「どうして？　だってこれ、大切なものなんでしょ、ものすごく」

「大切なものだから、さゆきにやる。これからはさゆきが大切にしてくれればいいよ」

真ちゃんは［　A　］と言った。

「これからさゆきがさ、まわりの雑音が気になって……親とか、教師とか、③トモダチとかの声が気になって、自分の思うように動いたり笑ったりできなくなったら、そのときはこのスティックでリズムをとってみな。さゆきには㋓さゆきだけのリズムがあるんだから」

「あたしだけの、リズム？」

あたしはおそるおそるスティックへ手をさしのべた。

「そう、さゆきだけのリズム。それを大切にしてれば、まわりがどんなに変わっても、さゆきはさゆきのままでいられるかもしれない」

「あたしのままで？」

「うん」

「まわりがどんなに変わっても？」

「うん」

「あたしは、あたしのままで……」

2023年度／堀越高等学校

英語解答

1 (1) イ　(2) ア　(3) ア　(4) ウ
(5) ウ

2 (1) ウ　(2) イ　(3) エ　(4) オ
(5) ア

3 (1) ウ　(2) ア　(3) ウ　(4) イ
(5) It was too hot to walk.
(6) エ

4 問1　(1) Because they eat the garbage.〔ゴミを食べるから〕
(2) A reusable bag〔エコバッグ〕
(3) Hearing the thing which they learned in the event.〔そのイベントでの学びを聞くこと〕

問2　(1) December 17th〔12月17日〕
(2) 4 courses〔４つのコース〕
(3) 12 years old〔12歳〕
(4) ゴミ問題コース〔Garbage problem course〕
(5) 15歳〔15 years old〕
(6) 地球温暖化コース，森林破壊コース〔Global warming course, Deforestation course〕

1〔適語(句)選択〕

(1)two years ago「２年前」とあるので，過去形を選ぶ。　write－wrote－written　「彼は２年前に大好きなアイドルにファンレターを書いた」

(2)on foot で「徒歩で」という意味を表す。　「私は堀越高校へ徒歩で通学する」

(3)'It is ～ to …'「…することは～だ」の文。exciting は「(人を)わくわくさせる」という意味を表す。　*cf.* excited「(人が)興奮した」　「日本のマンガを読むのはわくわくする」

(4)take part in ～ で「～に参加する」という意味を表す。　「ティムは明後日，スピーチコンテストに参加する予定だ」

(5)because 以降がサンドイッチを買えない理由を表していることから考える。　wallet「財布，札入れ」「彼女は家に財布を忘れてきたので，今はサンドイッチが買えない」

2〔対話文完成―適文選択〕

(1)「今朝，何時に起きましたか？」―「７時ちょうどです」　この sharp は「ちょうど」という意味。

(2)「図書館に行くのはどのバスですか？」―「このバスに乗っていきなさい」　take は「(電車・バスなど)に乗っていく」という意味を表す。Take this one. の one は前に述べられた名詞(句)を指し，ここでは bus のこと。

(3)「食べ物はいかがですか？」―「けっこうです。おなかがいっぱいです」　How about ～？は「～はどうですか」という'提案'の表現。ここでの full は「満腹した」という意味。

(4)「何のスポーツが好きですか？」―「テニスが好きです」　好きなスポーツを尋ねている。

(5)「それは誰の上着ですか？」―「私の友達のものです」　ここでの whose は「誰の」という意味なので，所有者を答えている文を選ぶ。この my friend's は「私の友達のもの」という意味。

3〔長文読解総合―Eメール〕

≪全訳≫送信者：タダオ(Tadao-tokyo@horihori.com)／宛先：ケビン(kevin-states@horihori.com)／件名：夏の旅行／日付：2022年８月19日金曜日／親愛なるケビン❶やあ，元気にしてる？　僕は元気だよ。君と弟との旅はすごく楽しかった。本当に楽しく過ごせたよ。君もそうだったらいいな。新幹線が名古屋に向かって東京を出た後，トランプをしたよね。君は何度も勝って，一番強かった！❷名古屋の公園を覚えてる？　僕たちはそこでお昼を食べたよね。君が昼食用につくってくれたサンドイッチがすごく気に入ったと弟は言ってたな。僕はあのハムとチーズのサンドイッチがまた食べたいよ。名古屋も本当によかったけど，僕はUSJに行ったのが初めてだったから大阪が一番楽しかったな。すばらしかったよ。京都にいたときは，暑すぎて歩けなかったね。だから秋にまた京都に行くのはどう？　君も弟も秋の京都を気に入ると思うな。❸結局，僕にとってあの旅の一番の思い出は大阪に行ったことなんだ。君の一番の思い出は何？　返信を楽しみにしているよ。／それでは／タダオ

(1)**＜語句解釈＞**did は do の過去形。動詞 do には繰り返しを避けるために前に出ている一般動詞(＋語句)の代わりのはたらきをする用法がある。ここでは，直前の文にある had a good time の代わりをしている。　have a good time「楽しい時を過ごす」

(2)**＜要旨把握＞**「トランプで遊ぶ」は play cards。第１段落最後から２文目に，トランプをしたのは東京を出た後とある。‘leave *A* for *B*’ で「*B*に向かって*A*を出発する」という意味を表す。

(3)**＜要旨把握＞**第２段落前半より，彼らは名古屋の公園で昼食を食べ，それがサンドイッチであったことがわかる。同段落第３文の that は目的格の関係代名詞で，that you made for lunch「あなたが昼食用につくった」が直前の名詞 sandwiches を修飾している。ここでの you はメールの宛先であるケビンのこと。

(4)**＜文脈把握＞**第２段落第５文に，I enjoyed Osaka the most「大阪が一番楽しかった」とあり，because 以降にその理由が述べられている。‘It is ～’s first time to …’ で「…するのは～にとって初めてだ」という意味を表す。

(5)**＜和文英訳＞**「暑すぎて歩けません」は ‘too ～ to …’「～すぎて…できない」の形を用いて too hot to walk で表せる。「暑い」のように ‘寒暖’ を表す文の主語は it を用い，過去の出来事なので It was で文を始める。

(6)**＜要旨把握＞**第２段落最後から２文目で，how about ～？「～はどうですか」と ‘提案’ している。the city は直前の文の Kyoto を指しており，in the fall「秋に」再訪してはどうかと述べている。

4〔長文読解総合―会話文〕

≪全訳≫❶**工藤先生(M)**：やあ，みんな！　何を話しているの？❷**キイ(K)**：中野区のイベントについて話しています。❸**M**：それはどんなイベント？❹**アツ(A)**：そのイベントにはコースがたくさんあります。自然や環境，そういったことについて学べるんです。❺**K**：地球温暖化や水質汚染やゴミ問題のような環境問題についても学べます。❻**M**：それはおもしろそうね！　どのコースを取りたいの？❼**K**：私は地球温暖化のコースに興味があります。二酸化炭素がどのように発生し，私たちの生活にどう影響を与えるか知りたいです。❽**M**：いいわね！　あなたはどう，アツ？❾**A**：僕はゴミ問題のコースを取りたいです。海に浮かんでいるゴミについて知りたいんです。それらのゴミを食べることが原因で海洋動物が死ぬこともあるそうです。❿**M**：そのとおりよ。私もそうだと思うわ。⓫**A**：それと，エコバッグがもらえるんです！⓬**M**：エコバッグを使うことはゴミの量を減らす方法の１つね。⓭**K**：だか

ら私たちはそのイベントに参加するつもりなんです。先生はどう思われますか？⓮M：すばらしいアイデアだと思うわ。⓯A：冬休みの後，そのイベントで学んだことを先生にお話ししますね。⓰M：本当に？　楽しみにしているわね！

環境について学ぼう！！！／〈日付〉2022年12月17日土曜日／〈場所〉ホリオンパーク／○地球温暖化コース／本コースの対象年齢は12歳以上です。コースの所要時間は40分です。ビデオを視聴します。その後，さまざまな活動を通して地球温暖化について学びます。費用は500円です。／○水質汚染コース／本コースの対象年齢は15歳以上です。コースの所要時間は30分です。公園の池に行きます。費用は300円です。／○ゴミ問題コース／本コースの対象年齢は14歳以上です。コースの所要時間は40分です。終了後，公園内で15分間ゴミ拾いをします。費用は500円です。／○森林破壊コース／本コースの対象年齢は13歳以上です。コースの所要時間は20分です。靴を持参してください。費用は300円です。／☆参加者はエコバッグがもらえます。

問１＜英問英答＞⑴「海洋動物はなぜ死ぬのか」―「ゴミを食べるから」　第９段落最終文参照。because of ～ は「～の理由で，～が原因で」という意味。　⑵「彼らはそのイベントに参加すると何がもらえるか」―「エコバッグ」　第11段落参照。　⑶「工藤先生は何を楽しみにしているか」―「彼らがそのイベントで学んだことを聞くこと」　第15，16段落参照。第15段落の which は目的格の関係代名詞。アツは先生にイベントで学んだことを話すと述べている。look forward to ～「～を楽しみに待つ」

問２＜英問英答・要旨把握＞⑴「イベントは何日に開催されるか」―「12月17日」　〈Date〉「日付」を参照。　⑵「イベントは何コースあるか」―「４つのコース」　「地球温暖化」，「水質汚染」，「ゴミ問題」，「森林破壊」の４つ。　⑶「イベントに参加するには，少なくとも何歳でなければならないか」―「12歳」　対象年齢が最も低いのは「地球温暖化コース」で，「12歳以上」である。⑷それぞれの所要時間は，This course takes ～「このコースは(時間が)～かかる」で示されている。４つの中では40分の「地球温暖化コース」と「ゴミ問題コース」が長いが，「ゴミ問題コース」は終了後さらに15分間のゴミ拾いがあるので，合計55分となり，最も長い。　⑸それぞれの対象年齢は The target age... で示されている。「水質汚染コース」は 15 years old and above「15歳とそれより上」なので「15歳以上」である。　⑹「地球温暖化コース」は12歳以上，「森林破壊コース」は13歳以上なので，この２つが該当する。

2023年度／堀越高等学校

数学解答

1 (1) -2　(2) 4　(3) $6\sqrt{6}$　(4) $-4x^5y$　(5) $11-5\sqrt{30}$

2 (1) $x=4$　(2) $x=-5,\ 2$　(3) $x=1,\ y=-2$　(4) $(8x+3y)(8x-3y)$　(5) 5g

3 (1) 20日目　(2) 13日目　(3) $\dfrac{8}{5}$倍　(4) 4日

4 (1) $(-2,\ 4)$　(2) 24　(3) $y=-2x$　(4) $4:1$

1〔独立小問集合題〕

(1)＜数の計算＞与式 $=6-16\div2=6-8=-2$

(2)＜数の計算＞与式 $=\dfrac{5}{3}\times\dfrac{9}{10}+\dfrac{5}{14}\times\dfrac{7}{1}=\dfrac{5\times9}{3\times10}+\dfrac{5\times7}{14\times1}=\dfrac{3}{2}+\dfrac{5}{2}=\dfrac{8}{2}=4$

(3)＜数の計算＞与式 $=5\sqrt{6}-\sqrt{2^2\times6}+\sqrt{3^2\times6}=5\sqrt{6}-2\sqrt{6}+3\sqrt{6}=6\sqrt{6}$

(4)＜式の計算＞与式 $=5x^4y^3\div10x^2y^5\times(-8x^3y^3)=-\dfrac{5x^4y^3\times8x^3y^3}{10x^2y^5}=-4x^5y$

(5)＜数の計算＞与式 $=\sqrt{10}\times2\sqrt{10}+\sqrt{10}\times\sqrt{3}-3\sqrt{3}\times2\sqrt{10}-3\sqrt{3}\times\sqrt{3}=2\times10+\sqrt{30}-6\sqrt{30}-3\times3=20+\sqrt{30}-6\sqrt{30}-9=11-5\sqrt{30}$

2〔独立小問集合題〕

(1)＜一次方程式＞両辺を3倍して，$4x-7=6x-15$，$4x-6x=-15+7$，$-2x=-8$　$\therefore x=4$

(2)＜二次方程式＞左辺を因数分解して，$(x+5)(x-2)=0$　$\therefore x=-5,\ 2$

(3)＜連立方程式＞$y=2x-4$……①，$5x+2y=1$……②とする。①を②に代入して，$5x+2(2x-4)=1$，$5x+4x-8=1$，$9x=9$　$\therefore x=1$　これを①に代入して，$y=2\times1-4$　$\therefore y=-2$

(4)＜式の計算―因数分解＞与式 $=(8x)^2-(3y)^2=(8x+3y)(8x-3y)$

(5)＜数量の計算＞4％の食塩水125gに含まれる食塩の量は，125gのうちの4％に当たる量だから，$125\times\dfrac{4}{100}=5$(g)である。

3〔数と式―連立方程式の応用〕

(1)＜数量の計算＞全体の仕事をaとする。Aさんは1日で全体の仕事の5％を終わらせることができるので，1日でする仕事は$a\times\dfrac{5}{100}=\dfrac{1}{20}a$である。よって，Aさんが1人で仕事を完成させるのは，$a\div\dfrac{1}{20}a=20$(日目)である。

(2)＜数量の計算＞Bさんは1日で全体の仕事の8％を終わらせることができるので，1日でする仕事は$a\times\dfrac{8}{100}=\dfrac{2}{25}a$である。よって，Bさんが1人で仕事を完成させるのは，$a\div\dfrac{2}{25}a=\dfrac{25}{2}=12+\dfrac{1}{2}$より，13日目となる。

(3)＜数量の計算＞(1)，(2)より，Aさん，Bさんの1日でする仕事はそれぞれ$\dfrac{1}{20}a$，$\dfrac{2}{25}a$だから，Bさんの仕事の早さは，Aさんの仕事の早さの，$\dfrac{2}{25}a\div\dfrac{1}{20}a=\dfrac{8}{5}$(倍)である。

(4)＜仕事にかかる日数＞Aさんが仕事をした日数をx日，Bさんが仕事をした日数をy日とする。2人が仕事を完成させるのにちょうど14日かかったことから，$x+y=14$……①が成り立つ。また，2人がした仕事の合計について，$\dfrac{1}{20}a\times x+\dfrac{2}{25}a\times y=a$が成り立ち，両辺を$a$でわって，$\dfrac{1}{20}x+\dfrac{2}{25}y$

$=1$，$5x+8y=100$……②となる。①×8−②でyを消去すると，$8x-5x=112-100$，$3x=12$，$x=4$となるので，Aさんがした仕事の日数は4日である。

4 〔関数―一次関数のグラフ〕

≪基本方針の決定≫(3)　辺BCの中点を通る。

(1)＜**座標**＞右図で，点Aは直線$y=x+6$と直線$y=-\frac{1}{2}x+3$の交点だから，2式からyを消去して，$x+6=-\frac{1}{2}x+3$より，$2x+12=-x+6$，$3x=-6$，$x=-2$となり，これを$y=x+6$に代入して，$y=-2+6$，$y=4$となる。よって，A$(-2,\ 4)$である。

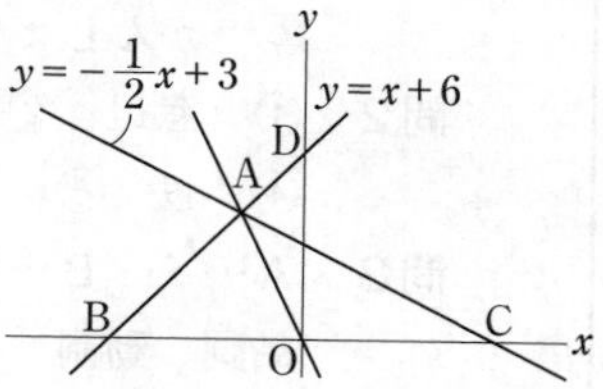

(2)＜**面積**＞右上図で，点Bは直線$y=x+6$とx軸の交点だから，$y=0$を代入して，$0=x+6$，$x=-6$より，B$(-6,\ 0)$である。点Cは直線$y=-\frac{1}{2}x+3$とx軸の交点だから，$y=0$を代入して，$0=-\frac{1}{2}x+3$，$\frac{1}{2}x=3$，$x=6$より，C$(6,\ 0)$である。よって，△ABCの底辺をBCと見ると，2点B，Cのx座標より，BC$=6-(-6)=12$であり，点Aのy座標より，高さは4となる。したがって，△ABC$=\frac{1}{2}\times12\times4=24$となる。

(3)＜**直線の式**＞右上図で，点Aを通り，△ABCの面積を2等分する直線は，辺BCの中点を通る。(2)より，B$(-6,\ 0)$，C$(6,\ 0)$だから，辺BCの中点のx座標は$\frac{(-6)+6}{2}=0$，y座標は0となり，辺BCの中点は原点Oに一致する。よって，求める直線は2点A，Oを通る直線で，A$(-2,\ 4)$より，直線AOの傾きは$\frac{0-4}{0-(-2)}=-2$となるから，求める直線の式は$y=-2x$である。

(4)＜**面積比**＞右上図で，直線$y=x+6$の切片が6より，D$(0,\ 6)$だから，OD$=6$である。△AODの底辺をODと見ると，点Aのx座標より，高さは2なので，△AOD$=\frac{1}{2}\times6\times2=6$となる。(2)より，△ABC$=24$だから，△ABC：△AOD$=24:6=4:1$である。

＝読者へのメッセージ＝

関数では座標を用いますが，この座標を発明したのは，フランスの哲学者，数学者のルネ・デカルト(1596〜1650年)です。彼は，部屋にいるハエの位置を表すのに座標を思いついたといわれています。

国語解答

一 問１　ⓐ　やじ　ⓑ　ひょうし
ⓒ　ふしぎ　ⓓ　いっつい
ⓔ　かんしょく

問２　①　窓辺　②　勢　③　友達
④　包　⑤　早速

問３　A…イ　B…ウ　C…ア
品詞　動詞

問４　一番大切なのはリズム［であるということ。］

問５　ウ　　問６　エ

問７　それを大切～もしれない

問８　ア…×　イ…○　ウ…×　エ…×

二 ①　刃　②　散　③　紙　④　有
⑤　敗

三 ①　耳　②　腹　③　頭　④　胸
⑤　舌

四 ①　わざわざ　②　とうてい
③　ずいぶん　④　うっかり
⑤　なるべく

五 ①　石　②　星　③　初　④　工
⑤　筆

六 D→B→C→E→A

一〔小説の読解〕出典；森絵都『リズム』。

≪本文の概要≫さゆきは，歌を歌っている真ちゃんに，自分のリズムを大切にしろと言われる。真ちゃんは，一番大切なのはリズムだと言い，ライブハウスで歌っているときの自分の体験を交えて，周りの雑音が気になって自分の思うようにならず，めちゃくちゃになりそうなときは，心の中を空っぽにして自分だけのリズムを取り戻すと気持ちが楽になり，また思いどおりに行動できるようになると話した。そして，自分の大切にしているドラムスティックをさゆきに渡し，周りの雑音が気になって思うようにできなくなったときには，このスティックでリズムを取って自分だけのリズムを取り戻せと真ちゃんは言った。さゆきは，いつだって自分の気持ちを一番わかってくれた真ちゃんの言葉を，一言も漏らさないようしっかりと覚えておこうと思った。そして，去っていく真ちゃんに，お礼を言って泣かずに見送ることができたさゆきは，もらったスティックで早速自分のリズムを刻んでみる。

問１＜漢字＞ⓐ「野次」は，他人の言動に，大声で非難や冷やかしの言葉を浴びせかけること。　ⓑ「拍子」は，音楽のリズムを形成する基本単位のこと。　ⓒ「不思議」は，どうしてなのかを普通では説明できないさま。　ⓓ「一対」は，二つで一組となるもののこと。　ⓔ「感触」は，手や肌にふれた感じのこと。

問２＜漢字＞①「窓辺」は，窓のそばのこと。　②音読みは「勢力」などの「セイ」。　③「友達」は，互いに心を許しあって対等に交わっている人のこと。　④音読みは「内包」などの「ホウ」。　⑤「早速」は，すぐ行うさま。

問３＜表現・品詞＞真ちゃんは「大切なものだから，さゆきにやる。これからはさゆきが大切にしてくれればいい」と明るくさっぱりと言った(…A)。さゆきはさゆきのままで「いられる」と言う真ちゃんの瞳が，やさしく「あたし」を包み込んだ(…B)。さゆきは，ドラムスティックを持ち上げてみて，「思ったより重たい」ことに気づいた(…C)。なお，「からり」「ふんわり」「きらきら」は，活用しない副詞。「持ち上げる」は，活用し，言い切りの形がウ段の音で終わる動詞。

問４＜文章内容＞真ちゃんは，「一番大切なのはリズムなんだ」ということを伝えたくて，さゆきに背中を向けながらも，引き出しの中をまさぐり，さゆきにあげるドラムスティックを取り出そうとしたのである。

問５＜文章内容＞心の中で「拍子をとる」と，「不思議に気持ちがらく」になり，自分の思うように行動できるようになるので，真ちゃんは，自分のリズムをとることが大切だと考えたのである。

問6＜心情＞さゆきは，「大切なもの」であるドラムスティックを真ちゃんが自分に差し出したので，驚き戸惑った。しかし，さゆきが周囲の雑音に混乱して自分を見失いそうなときに，このスティックで「さゆきだけのリズム」を取って自分を取り戻すことができるようにという贈り物だとわかり，真ちゃんは「いつだってあたしの気持ちを一番わかってくれ」ていると感じてうれしくなった。

問7＜文章内容＞さゆきにとって，「さゆきだけのリズム」は，「それを大切にしてれば，まわりがどんなに変わっても，さゆきはさゆきのままでいられるかもしれない」ものである。

問8＜要旨＞真ちゃんが「大切なもの」であるドラムスティックをくれたので，さゆきは驚いたが，自分だけのリズムを大切にしていれば，周りがどんなに変わっても，さゆきはさゆきのままできっといられるという真ちゃんの言葉を聞いて，さゆきは，真ちゃんは「いつだってわたしの気持ちを一番わかって」くれているとうれしく思った(ア・ウ・エ…×)。そして，さゆきは，真ちゃんにもらったスティックで，早速「あたしのリズム」を取ってみた(イ…○)。

二〔語句〕

①「付焼刃」は，一時の間に合わせに知識などを覚えること。　②「一目散」は，わき目もふらずに走ること。　③「紙一重」は，一枚の紙の厚さほどのわずかな違いのこと。　④「有頂天」は，得意の絶頂であること。　⑤「両成敗」は，事を起こした両方を処罰すること。

三〔慣用句〕

①「耳が早い」は，物音や世間のうわさなどを聞きつけるのが早い，という意味。　②「腹を探る」は，それとなく人の意中を探り出そうとする，という意味。　③「頭角を現す」は，才能，技量などが周囲の人よりも一段と優れる，という意味。　④「胸をなで下ろす」は，心配事が解決してほっとする，という意味。　⑤「舌を巻く」は，あまりにも優れていてひどく驚く，という意味。

四〔語句〕

①「わざわざ」は，他のことのついでではなく，特にそのことのために行うさまを表す。　②「とうてい」は，後ろに打ち消しの語を伴って，どうやってみても，という意味。　③「ずいぶん」は，程度が著しいさま。　④「うっかり」は，注意が行き届かないさま。　⑤「なるべく」は，できるかぎり，という意味。

五〔漢字〕

①「布石」「石像」「磁石」「石段」という熟語になる。　②「明星」「星座」「流星」「星空」という熟語になる。　③「当初」「初物」「最初」「初陣」という熟語になる。　④「大工」「工事」「細工」「工具」という熟語になる。　⑤「執筆」「筆記」「直筆」「筆箱」という熟語になる。

六〔文章の構成〕

「私」は「縁の下の力持ちのような存在」になりたい。というのは，それが「これから大人になるうえで大切なことであると実感した」からである(…D)。「私」は，演劇部で「演者として活動して」きて(…B)，演劇で最も大切なのは，「演者の演技力だとかねてより思って」きた(…C)。だが，「照明や衣装，音響を担当する人」がいて初めて演劇は成り立ち，演者も演技できるのだと気づいた(…E)。だから，「土台となり皆を支える裏方がいなければ組織は成り立たない」ので，これからは「私」自身がそうした縁の下の力持ちになっていきたい(…A)。

Memo

Memo

Memo

2022年度 堀越高等学校

【英　語】

英語・数学・国語 合わせて90分，各100点

1 次の各英文が正しくなるように、(　　)内から適切な語句を選び、記号で答えなさい。

(1) (ア. Thursday　イ. Monday　ウ. Saturday) is the day after Wednesday.

(2) I'm afraid (ア. to　イ. on　ウ. of) that dog.

(3) That library (ア. built　イ. is built　ウ. was built) ten years ago.

(4) There is a supermarket (ア. of　イ. in　ウ. at) front of our school.

(5) (ア. Soccer　イ. Basketball　ウ. Tennis) is a game played indoors between two teams of five players.

2 次の各英文の応答として最もふさわしいものをア～オから1つずつ選び、記号で答えなさい。

(1)
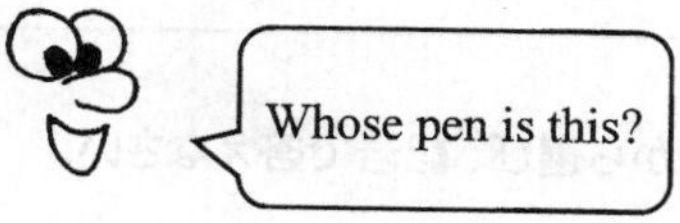
Whose pen is this?

(2)
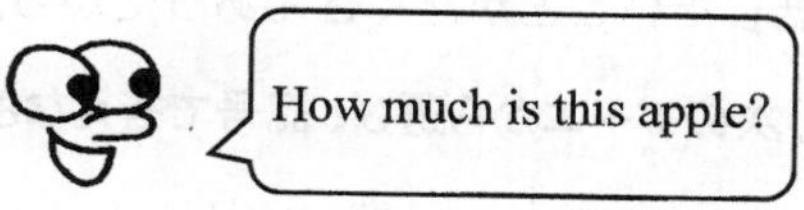
How much is this apple?

(3)
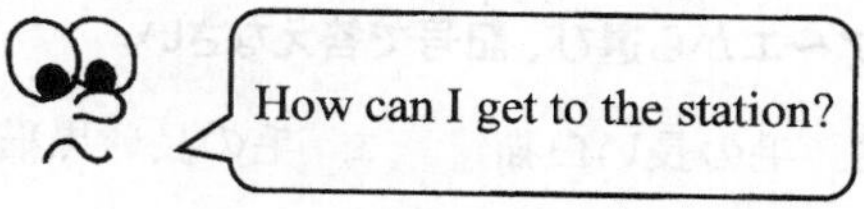
How can I get to the station?

(4)
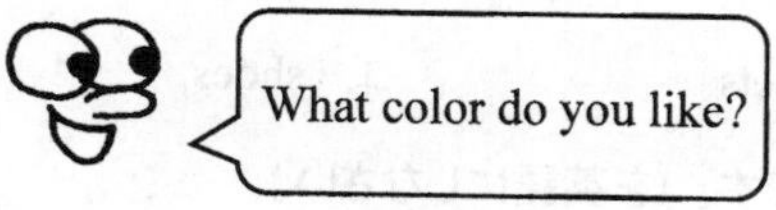
What color do you like?

(5)

May I try it on?

ア
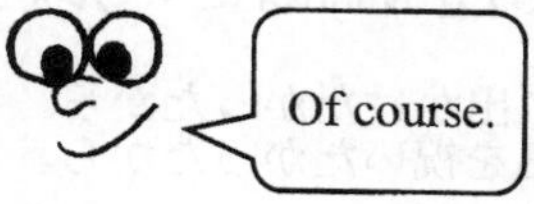
Of course.

イ

By bus.

ウ

I like silver.

エ

It's $2.

オ

It's hers.

3 次のＥメールは、Allyson が友人の Nonoka に送ったものです。下の問いに答えなさい。

From:	Allyson (allyson-track@horihori.com)
To:	Nonoka (nonoka-horikoshi@horihori.com)
Subject:	Many things to tell you
Date:	Thursday, October 27, 2022

Dear Nonoka,

Long time no see. How have you been? I have been great. I miss you so much.
I got a new pet, new sunglasses and new shoes. I have a lot of things that I want to tell you. That is why I am writing this message to you.
You know that I have a black cat with long hair. His name is Charles. To my surprise, my parents bought me a cat on my birthday last month. I named her Noah. She has short white hair. ①They told me to take good care of them. ②私はペットを２匹飼うことができてうれしいです。
I want to show you my lovely pets, so can we talk on the videophone this weekend? How about in the evening next Saturday or in the morning next Sunday? I hope either of time is ok for you. I can't wait to see you. Keep in touch.

Best wishes,
Allyson

(1) Allyson はなぜ Nonoka にメールを送りましたか。次のア～エから選び、記号で答えなさい。

ア. 一緒に出かけたかったから。　イ. 美容院で髪を切ったから。
ウ. 誕生日を祝いたかったから。　エ. 話したいことがたくさんあったから。

(2) Allyson が誕生日プレゼントをもらったのはいつですか。次のア～エから選び、記号で答えなさい。

ア. January　イ. July　ウ. September　エ. October

(3) Noah の特徴として正しいものはどれですか。次のア～エから選び、記号で答えなさい。

ア. 毛の短い白猫　イ. 毛の短い黒猫　ウ. 毛の長い白猫　エ. 毛の長い黒猫

(4) 下線部①They が指すものは何ですか。次のア～エから選び、記号で答えなさい。

ア. sunglasses　イ. parents　ウ. pets　エ. shoes

(5) 下線部②「私はペットを２匹飼うことができてうれしいです。」を英語にしなさい。

(6) Nonoka は、Allyson が希望する時間帯の中からビデオ電話をする時間を指定しました。その時間として最も適当なものはいつですか。次のア～エから選び、記号で答えなさい。

ア. 9 a.m. Thursday　イ. 10 a.m. Friday　ウ. 5 p.m. Saturday　エ. 6 p.m. Sunday

4

リョウ(Ryo)とサキ(Saki)は音楽コンサートに向かいながら会話をしています。英文と次の「チラシ(flyer)」を読み、下の問いに答えなさい。ただし、解答は日本語と英語のどちらで答えても構いません。

Ryo : I'm really looking forward to going to the concert!
Saki : Me too! Last year, we couldn't go there because I caught a cold. I stayed at my house all day.
Ryo : You don't care. Let's have fun!
Saki : Yeah, that's right. Which artists will we see?
Ryo : I want to see SNAP! I like **words in their songs**.
Saki : I think so too. Where will they sing?
Ryo : Let me check the flyer. Well, they will appear on the purple stage.
Saki : Who will appear on the same stage?
Ryo : Some other artists will. Show Man, Mr. Horion, and DTS.
Saki : Nice! I want to see Mr. Horion, but I also want to see MISA.
Ryo : MISA will appear on the pink stage at the same time as Mr. Horion.
Saki : Oh... ok, I like Mr. Horion better than MISA, so I will see him.
Ryo : Okay, I got you!
Saki : By the way, who can we see at the blue stage?
Ryo : We can see a lot of famous artists. They should be great!
Saki : Hey, we are almost there. But we need to get something to drink first.
Ryo : Alright. What will you drink?
Saki : I'll have a large tapioca milk tea. How about you?
Ryo : Let me see…I will have a large sweet tea. I'll treat you!
Saki : Thank you! Let's go!

問1　上の英文を参考にして、次の質問に簡潔に答えなさい。

(1) Why did Saki stay at her house all day?
(2) What artist does Saki like better?

問2　右のチラシを参考にして、次の質問に簡潔に答えなさい。

(1) What date is the concert held on?
(2) What time will SNAP appear?
(3) How long is the adou's performance?
(4) リョウのチケット代はいくらですか。
(5) リョウとサキが支払った飲み物の合計金額はいくらですか。
(6) 飲み物に関しての禁止事項は何ですか。

問3　本文中の下線部 words in their songs の意味を簡潔に答えなさい。

Hori Rock Festival 2021

〈Date〉 27(FRI) August, 2021

〈MAP & SCHEDULE〉

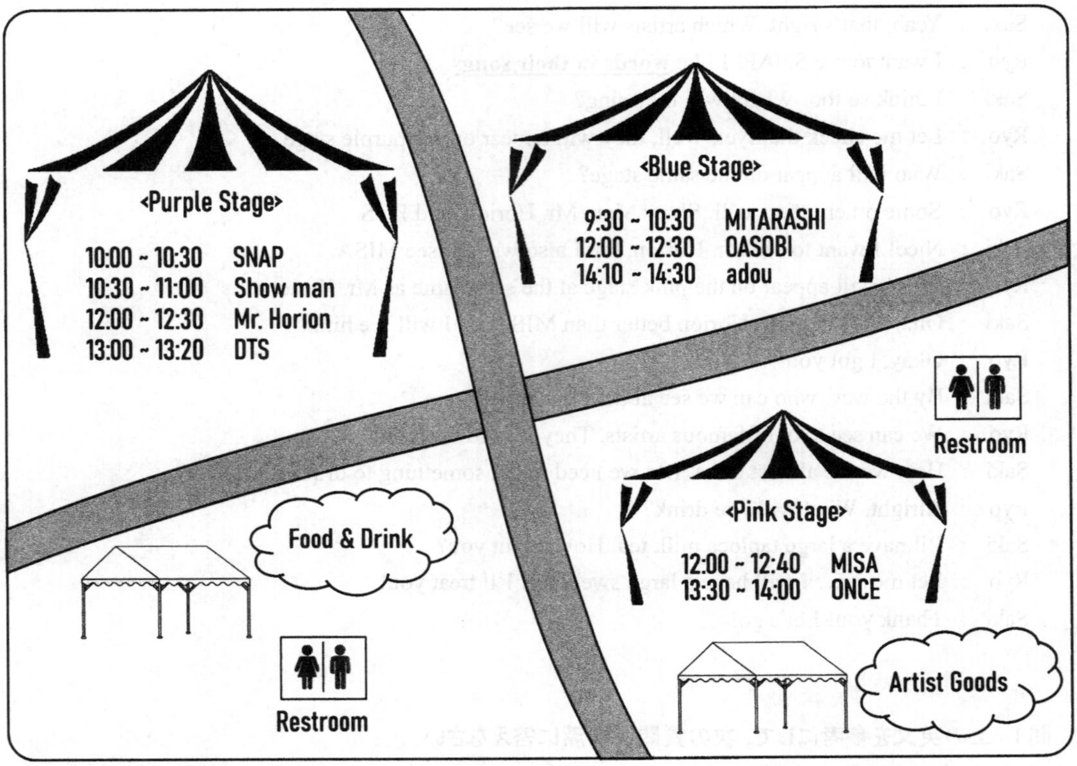

<Purple Stage>
10:00 ~ 10:30 SNAP
10:30 ~ 11:00 Show man
12:00 ~ 12:30 Mr. Horion
13:00 ~ 13:20 DTS
<Blue Stage>
9:30 ~ 10:30 MITARASHI
12:00 ~ 12:30 OASOBI
14:10 ~ 14:30 adou
<Pink Stage>
12:00 ~ 12:40 MISA
13:30 ~ 14:00 ONCE
Food & Drink
Artist Goods
Restroom
Restroom

〈TICKET〉 ¥3,500 per person (5 people or less in a group)

¥3,000 per person (6 people or more in a group)

〈DRINK〉 Green tea / Sweet tea / Coke / Cider

Tapioca milk tea / Lemonade / Mango juice

Medium…¥400 Large…¥550

※If you buy two large-sized drinks, you'll get a ¥300 discount in total.

※Alcohol is not for sale now.

※Please do not drink while walking.

【数　学】

1　次の計算をしなさい。

（1）$4+(-3)^2\times 2$

（2）$\frac{5}{2}\times\frac{8}{3}+\frac{7}{6}\div\frac{1}{2}$

（3）$\sqrt{12}-4\sqrt{3}+\sqrt{27}$

（4）$xy^2\div 4x^2y^2\times(2xy)^3$

（5）$(2\sqrt{7}-3)(\sqrt{7}+1)$

2　次の各問いに答えなさい。

（1）一次方程式　$5x+3=\frac{x-12}{2}$　を解きなさい。

（2）二次方程式　$x^2-7x+12=0$　を解きなさい。

（3）連立方程式　$\begin{cases}7x+3y=2\\x+y=2\end{cases}$　を解きなさい。

（4）$25x^2-16y^2$　を因数分解しなさい。

（5）360g の水に 40g の食塩を入れてできる食塩水の濃度は何%か求めなさい。

3　近年，再生可能エネルギーの活用が重要になっています。その一つに風力発電があります。ある地域で使用されている風力発電機のプロペラの大きさ（長さ）は右の図のように中心から先端までが 30m です。このとき，次の各問いに答えなさい。

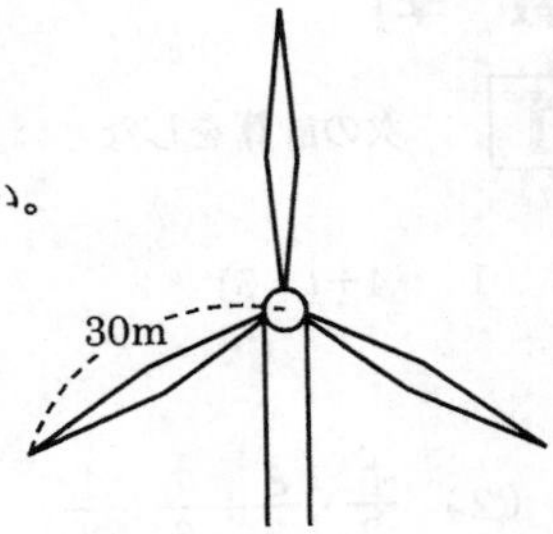

（1）　プロペラが 1 周すると，先端は何 m 動いたことになるか求めなさい。ただし，円周率は 3.14 とする。

（2）　このプロペラは，風が強く吹くと 1 分間に 25 回転します。このまま 1 時間動き続けると，プロペラの先端は何 km 動いたことになりますか。ただし，1km 未満は四捨五入して，整数の範囲で求めなさい。

（3）　この発電機 1 基で年間約 288 万 kW の発電ができます。一般家庭 1 世帯の年間使用電力は，平均 3600kW です。中野区 19 万 6000 世帯分の電力をまかなうためには，発電機が何基必要か求めなさい。

4　放物線 $y=ax^2$ $(a>0)$ のグラフ上に，2 点 $A(-3,\ 18)$，$B(b,\ 2)$ があるとき，次の各問いに答えなさい。

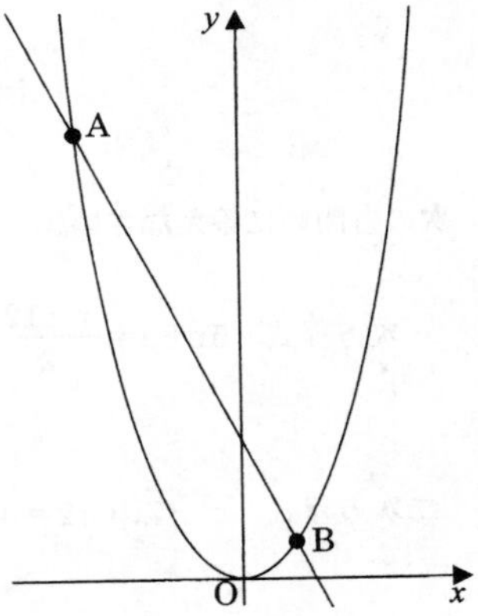

（1）　定数 a の値を求めなさい。

（2）　点 B の x 座標 b の値を求めなさい。

（3）　直線 AB の方程式を求めなさい。

（4）　△OAB の面積を求めなさい。

四

「これから、コミュニケーションの取り方についてスピーチをします。」に続くよう、次の文を正しい順番に並び替え、記号で答えなさい。

「これから、コミュニケーションの取り方についてスピーチをします。」

A　しかし、人と人とが直接顔を合わせて会話をすることの大切さを忘れてはいけません。

B　私は、SNSの普及により、コミュニケーションの取り方に変化がみられると考えています。

C　これからは、文字では思いが伝わらない場合があることを理解し、状況に応じて使い分けていきたいと思います。

D　また、共通の趣味を楽しむことができ、SNSには交友関係が広がるという利点もあります。

E　確かに、世代や国を超えて、多くの人々と気軽に会話ができるようになりました。

五

次の①～⑤について、□に当てはまる適切な漢字を一字入れ、四字熟語を完成させなさい。

① 温□知新

② 新進気□

③ □想天外

④ 半□半疑

⑤ 準備□端

六

次の①～⑤について、例にならって□に当てはまる適切な漢字を一字入れ、熟語を完成させなさい。

【例】

	観	
雷	光	栄
	線	

（観光・光線・雷光・光栄）

①

	雑	
金	□	物
	幣	

②

	存	
現	□	来
	宅	

③

	陣	
隊	□	相
	見	

④

	景	
声	□	素
	彩	

⑤

	低	
混	□	路
	子	

問4 本文中の［ A ］～［ C ］に当てはまる適切な語を次の中から選び、それぞれ記号で答えなさい。

ア．どうして
イ．やっと
ウ．なのに
エ．だって

問5 傍線部㋐「人生で、ほんとうにやりたい、たったひとつのこと」とあるが、それは何を指しているか。端的に示している語句を本文中から六字で抜き出して答えなさい。

問6 傍線部㋑「真っ赤なイチゴ」とあるが、ここで「真っ赤なイチゴ」がたとえている私の心情を表している箇所を本文中から二十一字で抜き出し、はじめと終わりの五字をそれぞれ答えなさい。

問7 傍線部㋒「力なくドアの向こうへ消えていった」とあるが、この時の父の心情として最も適切なものを次の中から一つ選び、記号で答えなさい。

ア．父の思いを考えず、自分勝手な行動をする私への怒りの気持ち。
イ．父の思いが通じず、感情のまま上京した私への情けない気持ち。
ウ．父の思いを無視し、どうしても意固地になる私への辛い気持ち。
エ．父の思いが届かず、安定した生活を手放す私への寂しい気持ち。

問8 傍線部㋓「私は祈るような気持ちになった」とあるが、その理由を「と決めていたから。」につながるように本文中から二十三字で抜き出し、はじめと終わりの五字をそれぞれ答えなさい。

問9 傍線部㋔「私の心を灯すささやかな光になった」とあるが、この時の私の心情として最も適切なものを次の中から一つ選び、記号で答えなさい。

ア．この先も同じ店で、パティシエとして働く活気に満ちている。
イ．夢に理解を示した父の愛情を実感し、胸が温かくなっている。
ウ．一刻も早く、父がくれたケーキを食べたいと気が急いている。
エ．今度こそ父を説得し、夢を追い続ける未来に心が躍っている。

二

次の①～⑤の漢字の読みをひらがなで答えなさい。

① 木綿　② 為替　③ 境内　④ 吹雪　⑤ 小豆

三

次の①～⑤について、（　　）内の意味になるよう、□に当てはまる適切な漢字を一字入れ、慣用句を完成させなさい。

① □を引く　（陰から人を操る）
② □に流す　（すべてなかったことにする）
③ □が知れる　（程度や限界がわかる）
④ □に火がつく　（物事が差し迫っている）
⑤ □が通る　（道理にかなっている）

結局売れ残ってしまったケーキを、パティシエが「来年は完売目指すぞ」と言いながら、渡してくれた。深夜に帰宅してケーキの箱を開け、ひとりぼっちのクリスマスをした。

みんな、どうしてるかな。

家族の顔が目に浮かぶ。一人前《いちにんまえ》にケーキを作れるようになるまで、帰らない。そう決めていたけど、ほんとうはさびしかった。

今年もクリスマスシーズンがやってきた。

「今年のショートケーキ、作ってみろ」

パティシエにそう言われて、一気に緊張した。初めて全部任されたのだ。出せる力のすべてを注いで、作るんだ。そしてもし、完売したら。ふるさとに帰ろう。そう決めた。

クリスマスの日、店頭に立った。ひとつ、ふたつ、私のケーキが売れていく。

「完売しそうだな」

パティシエが私の肩を叩いた。

夕方、いちばん売れる時間。突然、私のケーキの売れ行きが止まった。

閉店時間が近づいてくる。私は⑤アセった。このままだと、売れ残ってしまう。あと十分。まだ十ピースも残っている。㋓私は祈るような気持ちになった。

「ケーキいただけますか」

聞き覚えのある声がして、私は顔を上げた。

まぶしいショーケースの向こうに、父が立っていた。私と目が合うと、ひとつ咳《せき》払いをして、目を逸《そ》らした。私はあわてて返した。

「どちらになさいますか」

父は、まぶしそうにケースをⓓ眺めていたが、やがてふっと笑顔になって言った。

「このイチゴのやつ、全部ください」

私は大きな箱に、十個のショートケーキを、ひとつひとつ、ていねいに並べる。胸がいっぱいになってくる。ふと、父の声がした。

「ひとつだけ、別の箱に入れてくれますか」

大きな箱と、小さな箱。ふたつの箱を差し出すと、それを受け取った父は、小さな箱を私の目の前にぶっきらぼうに突き出した。

「ほら、お前の分。いい加減に帰って来い」

ドアの向こう、暗い通りへ出て行く父の背中が、じんわりにじんで見えなくなった。

小さな箱のⓔ片隅に、ぽつんと座った、たったひとつのイチゴのショートケーキ。

その夜、㋔私の心を灯すささやかな光になった。

― 原田マハ『ギフト』より ―

問1 傍線部ⓐ～ⓔの漢字の読みをひらがなで答えなさい。

問2 傍線部①～⑤のカタカナを漢字に直しなさい。

問3 本文中の【　Ⅰ　】に当てはまる適切な四字熟語を次の中から一つ選び、記号で答えなさい。

ア　順風満帆
イ　一進一退
ウ　前途多難
エ　一意専心

二〇二二年度 堀越高等学校

【国 語】

問いに字数制限がある場合、句読点などの文章記号も字数に含めます。

一 次の文章を読んで、後の問いに答えなさい。

一年のうちで、いちばん忙しい日。いちばん一生懸命で、①ジュウジツ感のある日。そしてちょっぴりさびしい日。

それが私のクリスマスだ。

二年まえの春、パティシエの道に飛びこんだ。

地元の大学を卒業、地方銀行の一般職に就職。何不自由ない実家暮らし。【 Ｉ 】、青空いっぱいの人生を歩み始めていた。

［Ａ］突然、私はそのすべてを捨ててしまった。理由は明快だった。

㋐「人生で、ほんとうにやりたい、たったひとつのこと」に気づいてしまったのだ。

子供の頃から大好きだったお菓子づくり。どんなに残業があろうと、帰宅して夜十時から「さあ作るぞ」と取りかかる。

「休みの日だけにすればいいのに」と母があきれてため息をついても、「お前のⓐ晩飯は、またシュークリームか」と父に小言を言われても、お構いなし。

［Ｂ］、何より好きだから。

ケーキを作っているときが、いちばん自分に戻っている気がする。忙しくたって、ちょっと人間関係に疲れてたって、大丈夫。お菓子を作ってさえいれば、むくむく元気が湧いてくるんだから。

二年まえのクリスマスイブ。ⓑ翌日のホームパーティーのために、私は特大のクリスマスケーキを作っていた。

真夜中の、静まり返ったキッチン。スポンジに生クリームを②ヌって、最後に真ん中に真っ赤なイチゴをぽつりと置いたⓒ瞬間、突然気づいてしまった。

［Ｃ］こんなに好きなことがあるのに、私はそれを人生の真ん中に置こうとしないんだろう?

㋑真っ赤なイチゴは、私の心に灯った、ささやかだけれど確かな光だった。

今の仕事を辞めて東京へ出る、という私の決意に母は黙りこみ、父は猛反対だった。

父は、私が安定した生活を捨てること、家族の下から離れることにどうしても③ナットクできないようだった。私は一晩中、父に語りかけた。どうしても、わかって欲しかった。父はむっつりと聞いていたが、やがて立ち上がると、後ろ姿で小さくつぶやいた。

「勝手に行ってしまえ」

いつも元気よく話し、大声で笑っている父。④オサナい私を広い背中におぶって、どこまでも歩いてくれた父。その父の後ろ姿が、㋒力なくドアの向こうへ消えていった。

ふるさとに一方的に別れを告げて、私はひとりで上京した。

憧《あこが》れのパティシエのアトリエのドアを何度も叩《たた》き、ようやくスタッフになった。朝三時起きで厨房《ちゅうぼう》の掃除。買い出しや店頭での販売をして、なかなかケーキ作りに参加できない。去年のクリスマスシーズン、ようやく下地づくりとトッピングを任された。

嬉《うれ》しくて、必死になった。ルビーのように輝くイチゴを、ひとつひとつ、心をこめてのせていった。

このケーキが、全部売れますように。クリスマスの日、店頭に立って、汗をかきながら接客した。

2022年度／堀越高等学校

英語解答

1 (1) ア　(2) ウ　(3) ウ　(4) イ
(5) イ

2 (1) オ　(2) エ　(3) イ　(4) ウ
(5) ア

3 (1) エ　(2) ウ　(3) ア　(4) イ
(5) I am happy to have two pets.
(6) ウ

4 問１　(1) Because she caught a cold.
〔彼女は風邪をひいたから。〕
(2) Mr. Horion〔ミスターホリオン〕

問２　(1) August 27th〔８月27日〕
(2) 10：00〔10時00分〕
(3) 20 minutes〔20分間〕
(4) 3500　(5) 800
(6) drink while walking
〔歩きながら飲むこと〕

問３　(曲の)歌詞

1〔適語(句)選択〕

(1)水曜日の次の日なので，Thursday「木曜日」が適切。　「木曜日は水曜日の次の日だ」
(2)be afraid of ～ で「～を恐れる」という意味を表す。　「私はあの犬が怖い」
(3)受け身形は‘be動詞＋過去分詞’で表す。ago「～前に」という過去を表す語があるので，was built が適切。　「あの図書館は10年前に建てられた」
(4)in front of ～ で「～の前に〔で〕」という意味を表す。　「私たちの学校の前にスーパーがある」
(5)played 以降が a game を後ろから修飾している。５人の２チームで行う室内の競技である。「バスケットボールは５人１組の２チームで行う室内競技である」

2〔対話文完成―適文選択〕

(1)「これは誰のペンですか」―「彼女のものです」　whose は「誰の」という意味なので，誰がペンの所有者なのかを答えているオが適切。hers は「彼女のもの」という意味を表す。
(2)「このリンゴはいくらですか」―「２ドルです」　How much ～？「～はいくらですか」は‘金額’を尋ねるときの表現。
(3)「駅にはどのように行けますか」―「バスで行けます」　how は「どのようにして」という‘方法’を尋ねるときに用いる。by は「～によって」という‘手段’を表せる。
(4)「何色が好きですか」―「銀色が好きです」　what color「何色」と好きな色を尋ねているので，色の種類を答えているウが適切。
(5)「それを試着してもいいですか」―「もちろん」　May I ～？は「～してもいいですか」と‘許可’を求める表現。try ～ on は「～を試着する」という意味を表す。

3〔長文読解総合―Ｅメール〕

≪全訳≫送信者：アリソン(allyson-track@horihori.com)／宛先：ノノカ(nonoka-horikoshi@horihori.com)／件名：いろいろと伝えたいこと／日付：2022年10月27日木曜日／親愛なるノノカ／❶お久しぶりです。元気にしていましたか？　私はとても元気です。あなたにすごく会いたいです。❷私は新しいペットや，新しいサングラス，新しい靴を買いました。あなたに伝えたいことがたくさんあります。だからこのメッセージを書いているところです。❸私が毛の長い黒猫を飼っていることは知っていますよね。名前はチャールズです。なんと，先月私の誕生日に両親が猫を買ってくれたんです。ノアと名づけました。毛は白くて短いです。両親からは２匹の猫を大切に飼うようにと言われました。私はペットを２匹飼うことができてうれしいです。❹かわいいペットたちを見せたいので，今週末にテレビ電話で話しませんか？　今度の土曜日の夕方か日曜日の午前中はどうですか？　どちらかの時間で都合がいいとよいのですが。会えるのを楽しみにしています。また連絡を取り合いましょう。／それでは。／アリソン

(1)＜**文脈把握**＞第２段落最終文で That is why ～.「それが～の理由です」とメールを書いている理由についてふれている。この That は直前の文を受けているので，アリソンはノノカに伝えたいことがたくさんあったからメールを書いたと判断できる。

(2)＜**要旨把握**＞第３段落第３文より，アリソンの誕生日は「先月」だったことがわかる。メールの日付を見ると「10月」とあるので，「先月」とは September「９月」である。

(3)＜**文脈把握**＞第３段落第４文に，誕生日にもらった猫をノアと名づけたとある。その直後の文の She はノアを指すので，この猫は毛の短い白猫とわかる。

(4)＜**指示語**＞they は複数の‘人’や‘もの’を指し，‘tell＋人＋to ～’で「〈人〉に～するように言う」という意味を表す。３つ前の文に my parents「私の両親」とあるので，They は両親のことだとわかる。take care of ～ は「～の世話をする」という意味で，文末の them は２匹の猫を指している。

(5)＜**日本語英訳**＞「私はうれしい」は I am happy で表せる。「～してうれしい」といった‘感情の原因’は to不定詞(to＋動詞の原形)で表せるので，to have two pets を続ける。pets と複数形にすることに注意。

(6)＜**要旨把握**＞最終段落第２文で How about ～？「～はどうですか」という‘提案’の表現を使って，アリソンは「今度の土曜日の夕方」と「今度の日曜日の午前中」の２つの時間帯を挙げている。よって，ノノカはこのいずれかに当てはまる時間を指定したと判断できる。

4 〔**長文読解総合―対話文**〕

≪**全訳**≫❶**リョウ(R)**：コンサートに行くのがすごく楽しみなんだ！❷**サキ(S)**：私も！　去年は私が風邪をひいたから行けなかったんだよね。１日中，家にいたな。❸**R**：気にしなくていいよ。楽しもう！❹**S**：そうだね。どのアーティストを見に行く？❺**R**：僕はスナップが見たい！　曲の歌詞が好きなんだ。❻**S**：私もそう思う。彼らはどこで歌うの？❼**R**：チラシを見てみるね。紫のステージに出演するよ。❽**S**：同じステージには誰が出るの？❾**R**：他にも何人かのアーティストが出るよ。ショウマンとミスターホリオンとDTS。❿**S**：いいね！　ミスターホリオンが見たいけど，ミーサも見たいな。⓫**R**：ミスターホリオンと同じ時間にミーサがピンクのステージに出演するよ。⓬**S**：そうか…よし，私はミーサよりミスターホリオンの方が好きだから，ミスターホリオンを見に行くね。⓭**R**：了解！⓮**S**：ところで，青のステージでは誰が見られるの？⓯**R**：有名なアーティストがたくさん見られるよ。きっと最高だよ！⓰**S**：ねえ，もうすぐ着くよ。でも，まずは飲み物を買う必要があるね。⓱**R**：そうだね。何を飲む？⓲**S**：私はタピオカミルクティーのＬサイズにする。あなたは？⓳**R**：どうしようかな…砂糖入りの紅茶のＬサイズにする。僕がおごるよ！⓴**S**：ありがとう！　さあ行こう！

問１＜**英問英答**＞(1)「なぜサキは１日中家にいたのか」―「彼女は風邪をひいたから」　第２段落参

照。　(2)「サキがより好きなのはどんなアーティストか」―「ミスターホリオン」　第12段落参照。

問２＜英問英答・要旨把握＞(1)「コンサートは何月何日に開催されるか」―「８月27日」　チラシの「日付」に開催日が書いてある。　(2)「スナップは何時に出演するか」―「10時00分」　「地図とスケジュール」の紫のステージのところにスナップの出演時間が書いてある。　(3)「アドウの演奏時間はどのくらいか」―「20分」　「地図とスケジュール」の青のステージのところに，アドウは14時10分から14時30分とあるので，20分間出演するとわかる。　(4)チラシの「チケット」のところに「５人以下の団体は１人につき3500円」，「６人以上の団体は１人につき3000円」とある。リョウはサキと２人で行くので５人以下の団体となり，１人当たり3500円。　(5)対話文の最後から２，３段落目より，サキはタピオカミルクティーのＬサイズ，リョウは砂糖入りの紅茶のＬサイズを注文するとわかる。チラシの「飲み物」のところにＬサイズはどれも550円とあるが，※印の注釈に「Ｌサイズの飲み物を２つ買うと合計金額から300円値引きとなる」とあるので，(550円×２個)－300円＝800円となる。　(6)チラシの「ドリンク」の※印の最終行に「歩きながら飲み物を飲むのはおやめください」とある。

問３＜語句解釈＞直訳すると「歌の中の言葉」なので，曲の中で歌われる「歌詞」である。word には「語，単語，言葉」などの意味があるが，複数形 words で「歌詞」という意味も表せる。

2022年度／堀越高等学校

数学解答

1 (1)　22　(2)　9　(3)　$\sqrt{3}$
(4)　$2x^2y^3$　(5)　$11-\sqrt{7}$

2 (1)　$x=-2$　(2)　$x=3,\ 4$
(3)　$x=-1,\ y=3$
(4)　$(5x+4y)(5x-4y)$　(5)　10%

3 (1)　188.4m　(2)　283km
(3)　245基

4 (1)　2　(2)　1　(3)　$y=-4x+6$
(4)　12

1〔独立小問集合題〕

(1)＜数の計算＞与式$=4+9\times2=4+18=22$

(2)＜数の計算＞与式$=\dfrac{5}{2}\times\dfrac{8}{3}+\dfrac{7}{6}\times\dfrac{2}{1}=\dfrac{5\times8}{2\times3}+\dfrac{7\times2}{6\times1}=\dfrac{20}{3}+\dfrac{7}{3}=\dfrac{27}{3}=9$

(3)＜数の計算＞与式$=\sqrt{2^2\times3}-4\sqrt{3}+\sqrt{3^2\times3}=2\sqrt{3}-4\sqrt{3}+3\sqrt{3}=\sqrt{3}$

(4)＜式の計算＞与式$=xy^2\times\dfrac{1}{4x^2y^2}\times8x^3y^3=\dfrac{xy^2\times8x^3y^3}{4x^2y^2}=2x^2y^3$

(5)＜数の計算＞与式$=2\sqrt{7}\times\sqrt{7}+2\sqrt{7}-3\sqrt{7}-3=2\times7+2\sqrt{7}-3\sqrt{7}-3=14+2\sqrt{7}-3\sqrt{7}-3=11-\sqrt{7}$

2〔独立小問集合題〕

(1)＜一次方程式＞両辺を2倍して，$10x+6=x-12$，$10x-x=-12-6$，$9x=-18$　$\therefore x=-2$

(2)＜二次方程式＞左辺を因数分解して，$(x-3)(x-4)=0$　$\therefore x=3,\ 4$

(3)＜連立方程式＞$7x+3y=2$……①，$x+y=2$……②とする。①－②×3より，$7x-3x=2-6$，$4x=-4$　$\therefore x=-1$　これを②に代入して，$-1+y=2$　$\therefore y=3$

(4)＜式の計算─因数分解＞与式$=(5x)^2-(4y)^2=(5x+4y)(5x-4y)$

(5)＜数量の計算＞360gの水に40gの食塩を入れると，食塩水は，$360+40=400$(g)できる。40gの食塩が含まれているから，この食塩水の濃度は，$\dfrac{〔食塩の量(g)〕}{〔食塩水の量(g)〕}\times100=\dfrac{40}{400}\times100=10$(%)となる。

3〔数と式─数量の計算〕

(1)＜動いた長さ＞プロペラが1周するとき，先端は半径が30mの円を描くので，動いた距離は，$2\pi\times30=60\pi=60\times3.14=188.4$(m)となる。

(2)＜動いた長さ＞プロペラは1分間に25回転するから，1時間，つまり，60分間で$25\times60=1500$(回転)する。(1)より，プロペラは1周すると188.4m動くので，1500回転で動く距離は，$188.4\times1500=282600$(m)である。よって，$282600\div1000=282.6$より，283kmとなる。

(3)＜発電機の数＞一般家庭1世帯の年間使用電力が平均3600kWより，196000世帯の年間使用電力は，$3600\times196000=705600000$(kW)となる。発電機1基で年間約2880000kWの発電ができるので，発電機は，$705600000\div2880000=245$(基)必要である。

4〔関数─関数$y=ax^2$と一次関数のグラフ〕

≪基本方針の決定≫(4)　△OABをy軸で2つの三角形に分けて考える。

(1)＜比例定数＞次ページの図で，A$(-3,\ 18)$は放物線$y=ax^2$上の点なので，$y=ax^2$に$x=-3$，$y=18$を代入して，$18=a\times(-3)^2$より，$a=2$となる。

(2)＜x座標＞次ページの図で，(1)より，B$(b,\ 2)$は放物線$y=2x^2$上の点となる。$y=2x^2$に$x=b$，$y=2$を代入して，$2=2\times b^2$より，$b^2=1$，$b=\pm1$となり，$b>0$だから，$b=1$である。

(3)＜直線の式＞次ページの図で，A$(-3,\ 18)$であり，(2)より，B$(1,\ 2)$なので，直線ABの傾きは

$\frac{2-18}{1-(-3)}=-\frac{16}{4}=-4$ である。直線ABの式を $y=-4x+c$ とおくと，B(1, 2)を通ることより，$2=-4+c$，$c=6$ となる。よって，直線ABの式は $y=-4x+6$ である。

(4)<面積>右図のように，直線ABと y 軸の交点をCとして，△OABを y 軸で2つの三角形に分け，△OAB＝△OAC＋△OBCとする。(3)より，直線ABの切片は6だから，C(0, 6)であり，OC＝6となる。△OAC，△OBCの底辺を共通する辺OCと見ると，高さは，点A，Bの x 座標より，それぞれ3，1である。よって，$\triangle OAB=\frac{1}{2}\times6\times3+\frac{1}{2}\times6\times1=12$ となる。

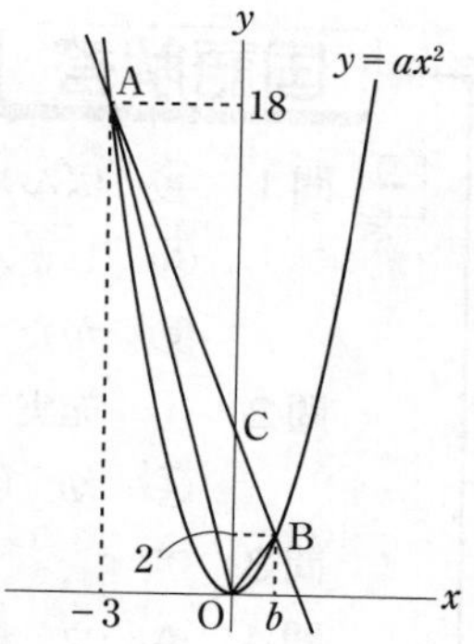

＝読者へのメッセージ＝

放物線は英語でパラボラ(parabola)といいます。パラボラアンテナは放物線の形を利用してつくられています。

国語解答

一　問１　ⓐ　ばんめし　ⓑ　よくじつ
　　　　ⓒ　しゅんかん　ⓓ　なが
　　　　ⓔ　かたすみ
　　問２　①　充実　②　塗　③　納得
　　　　④　幼　⑤　焦
　　問３　ア
　　問４　A…ウ　B…エ　C…ア
　　問５　お菓子づくり
　　問６　今の仕事を～う私の決意
　　問７　エ
　　問８　一人前にケ～，帰らない［と決めていたから。］
　　問９　イ

二　①　もめん　②　かわせ
　　③　けいだい　④　ふぶき
　　⑤　あずき

三　①　糸　②　水　③　高　④　尻
　　⑤　筋

四　B→E→D→A→C

五　①　故　②　鋭　③　奇　④　信
　　⑤　万

六　①　貨　②　在　③　形　④　色
　　⑤　迷

一〔小説の読解〕出典；原田マハ『ささやかな光』（『ギフト』所収）。

≪本文の概要≫二年前のクリスマスイブに，ホームパーティーのためのクリスマスケーキをつくっていた私は，人生で本当にやりたいことはお菓子づくりだということに気づき，父の猛反対も顧みず，パティシエになるために上京した。去年のクリスマスシーズンに，ようやく私は下地づくりとトッピングを任された。売れ残ってしまったケーキを一人で食べながら，私は一人前になるまで帰らないと決めていたが，家族を思い出してさびしかった。今年のクリスマスは，ショートケーキづくりを初めて全部任され，私は完売したら帰郷しようと決めた。閉店時間直前にまだ十ピースも売れ残っているケーキに焦りを感じていたとき，父が突然来店し，十個全部を買い上げてくれた。父はそのうちの一個だけを別の箱に入れさせ，それを私に突き出して「お前の分。いい加減に帰って来い」と言った。

問１＜漢字＞ⓐ「晩飯」は，夕飯のこと。　ⓑ「翌日」は，明くる日のこと。　ⓒ「瞬間」は，きわめて短い時間のこと。　ⓓ音読みは「眺望」などの「チョウ」。　ⓔ「片隅」は，中心から離れた脇の方のこと。

問２＜漢字＞①「充実」は，中身がいっぱいに詰まっていること。　②音読みは「塗布」などの「ト」。　③「納得」は，十分理解して認めること。　④音読みは「幼稚」などの「ヨウ」。　⑤音読みは「焦燥」などの「ショウ」。

問３＜四字熟語＞「順風満帆」は，物事が思いどおりに順調に進むこと。「一進一退」は，前へ進んだり後戻りしたりすること。「前途多難」は，行く先や将来に多くの困難があること。「一意専心」は，ひたすら一つのことに心を集中すること。

問４．A＜接続語＞何もかもが順調に行く人生を歩み始めていたのに，「私」は突然「そのすべてを捨て」た。　B＜接続語＞母にあきれられても，父に小言を言われても，「お構いなし」だったのはなぜかというと，お菓子づくりが「何より好きだから」である。　C＜表現＞なぜ，こんなに好きなお菓子づくりを人生の真ん中に置こうとしないのだろうと，「私」は突然気づいた。

問５＜文章内容＞「私」は，二年前のクリスマスイブにホームパーティーのためのケーキをつくりながら，自分が「人生の真ん中」に置きたいことは，子どもの頃から「大好き」だった「お菓子づくり」だと気づいた。

問６＜表現＞「真っ赤なイチゴ」は，「私の心に灯った，ささやかだけれど確かな光」であり，心の中に現れた，「今の仕事を辞めて東京へ出る，という私の決意」を表した表現である。

問７＜心情＞父は，「私が安定した生活を捨てること，家族の下から離れることにどうしても納得できない」で，その親心が「私」に届かないことをさみしく思い，「力なく」後ろ姿を見せて部屋を出ていったのである。

問８＜文章内容＞「私」は，「一人前にケーキを作れるようになるまで，帰らない」と決めていた。このままケーキが売れ残ってしまったら，一人前になったとは言えず，今年も家に帰れないので，「私」は，ケーキが完売しますようにと「祈るような気持ち」になったのである。

問９＜心情＞「私」の夢に「猛反対」した父が，東京の「私」の働いている店まで来て，「私」のつくったケーキを残らず買い上げてくれた。そして一つだけ別の箱に入れてもらい，それを父がぶっきらぼうに突き出しながら，「お前の分。いい加減に帰って来い」と言ってくれたことで，「私」は，自分の夢を理解してくれた父の愛情を感じ，心に火がともったような温もりを感じたのである。

二〔漢字〕

①「木綿」は，ワタの種子に付着している繊維を加工したもの。　②「為替」は，遠方の者どうしに生じた資金移動を，現金の輸送によらずに行う仕組みのこと。　③「境内」は，神社，寺院の敷地内のこと。　④「吹雪」は，雪が激しい風に吹かれて乱れ飛びながら降ること。　⑤「小豆」は，マメ科の植物の一種。

三〔慣用句〕

①「糸を引く」は，裏で指図して人を操る，という意味。　②「水に流す」は，過去のいざこざなどを全てなかったことにする，という意味。　③「高が知れる」は，程度がわかる，大したことはない，という意味。　④「尻に火がつく」は，事態が差し迫って追い詰められた状態になる，という意味。　⑤「筋が通る」は，物事が正しく行われている，首尾一貫している，という意味。

四〔文章の構成〕

「私」は，「SNSの普及により，コミュニケーションの取り方に変化がみられる」と考える(…Ｂ)。確かにSNSには，「多くの人々と気軽に会話ができる」ことや(…Ｅ)，「交友関係が広がるという利点」がある(…Ｄ)。しかし，「直接顔を合わせて会話すること」は大切であり(…Ａ)，「私」は，これからは，SNSと直接対話とを「状況に応じて使い分けて」いきたい(…Ｃ)。

五〔四字熟語〕

①「温故知新」は，過去の事実を研究し，そこから新しい知識や見解を見つけ出すこと。　②「新進気鋭」は，新たにその分野に現れ，勢いが盛んで鋭いこと。　③「奇想天外」は，普通では思いもよらないような奇抜であること。　④「半信半疑」は，嘘か本当か判断に迷う状態のこと。　⑤「準備万端」は，用意が完全に整っている様子。

六〔漢字〕

①「雑貨」「貨幣」「金貨」「貨物」という熟語になる。　②「存在」「在宅」「現在」「在来」という熟語になる。　③「陣形」「形見」「隊形」「形相」という熟語になる。　④「景色」「色彩」「声色」「色素」という熟語になる。　⑤「低迷」「迷子」「混迷」「迷路」という熟語になる。

Memo

2021年度 堀越高等学校

【英　語】

英語・数学・国語 合わせて90分，各100点

1 次の各英文が正しくなるように、(　　)内から適切な語を選び、記号で答えなさい。

(1) (ア. Where　イ. How　ウ. What) was your summer vacation?

(2) (ア. Are　イ. Is　ウ. Be) careful! This is hot water.

(3) This picture was (ア. take　イ. took　ウ. taken) in Kyoto last year.

(4) Shinano river is the (ア. longer　イ. longest　ウ. long) in Japan.

(5) I practiced hard (ア. to win　イ. winning　ウ. won) the game.

2 次の各英文の応答として最もふさわしいものをア～オから1つずつ選び、記号で答えなさい。

(1)

Where is New York?

(2)
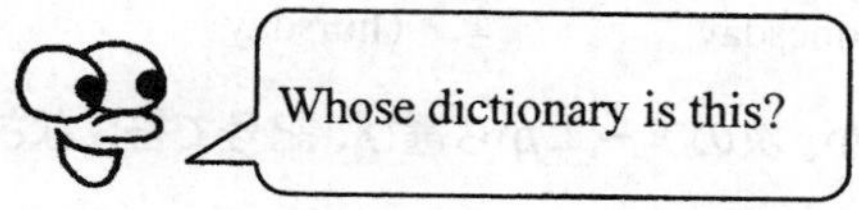
Whose dictionary is this?

(3)
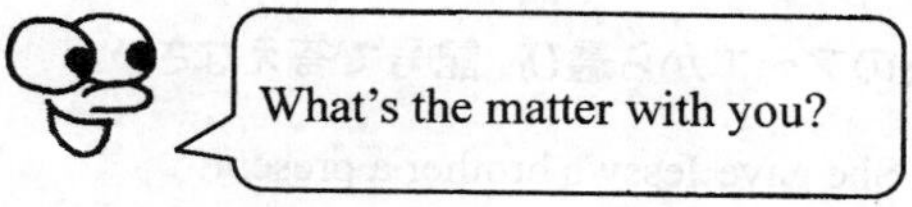
What's the matter with you?

(4)
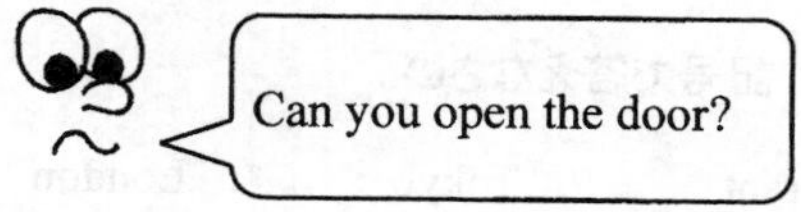
Can you open the door?

(5)
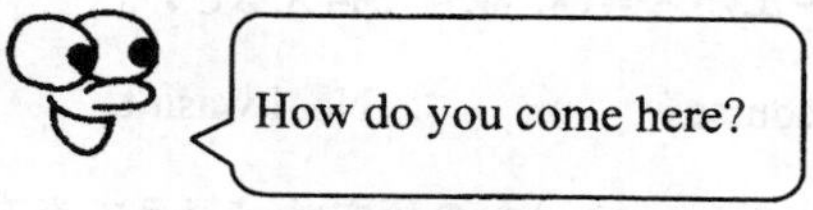
How do you come here?

ア

Sure.

イ

By train.

ウ

It's in America.

エ
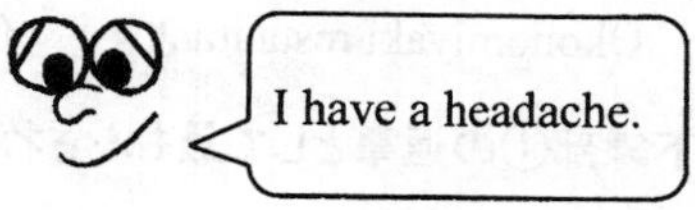
I have a headache.

オ

It's mine.

3 次のＥメールは、Maria が友人の Jessy に送ったものです。下の問いに答えなさい。

From:	Maria (maria-white@horihori.com)
To:	Jessy (jessy-horikoshi@horihori.com)
Subject:	Nice Picture!
Date:	Wednesday, July 28, 2021

Dear Jessy,

Hi, how are you doing? I'm pretty good. I saw your picture yesterday. You were enjoying the holiday, weren't you? You looked good in the blue shirt, and your mother also looked nice in the green pants. The boy wearing a red cap must be your brother. I showed him around Tokyo, so I remember him very well. We had okonomiyaki there and it was very nice. Shall we try monjayaki when you come to Japan next time?

I am looking forward to studying in London next month. I am so lucky that I can stay at your house during my study there. My high school will start in September. ① Will you show me around London before it starts?

By the way, do you like Japanese tea? ②(ア.some / イ.am / ウ.buy / エ.I / オ.going / カ.to / キ.tea) as a present for your family.

Best regards,
Maria

(1) Maria が Jessy の写真を見たのはいつですか。次のア～エから選び、記号で答えなさい。

ア. Monday　　イ. Tuesday　　ウ. Wednesday　　エ. Thursday

(2) 写真の中で Jessy の母は何色を身に付けていますか。次のア～エから選び、記号で答えなさい。

ア. Blue　　イ. Red　　ウ. Green　　エ. White

(3) Maria がしたことについて最もふさわしいものを次のア～エから選び、記号で答えなさい。

ア. She took a picture with Jessy's brother.　　イ. She gave Jessy's brother a present.
ウ. She bought Jessy's brother a shirt.　　エ. She showed Jessy's brother around Tokyo.

(4) Maria は来月どこに行きますか。次のア～エから選び、記号で答えなさい。

ア. Okonomiyaki restaurant　　イ. Monjayaki restaurant　　ウ. Tokyo　　エ. London

(5) 下線部①の返事として最もふさわしいものを次のア～エから選び、記号で答えなさい。

ア. Yes, I do.　　イ. Yes, I am.　　ウ. Of course.　　エ. No, I wasn't.

(6) 下線部②が「私はお茶を買うつもりです」の意味になるように(　)内の語を並べ替えて英文を作ったとき、2 番目と 4 番目にくる語をそれぞれ記号で答えなさい。ただし、文頭にくる語も小文字で書いてあります。

(ア.some / イ.am / ウ.buy / エ.I / オ.going / カ.to / キ.tea)

4 修(Shu)と萌(Moe)は International camp に参加しようとしています。英文と次の「チラシ」(flyer)を読み、下の問いに答えなさい。ただし、解答は日本語と英語のどちらで答えても構いません。

Shu : Moe, look at this flyer. Are you interested in this event?
Moe : 'International camp'?
Shu : It's a special event in schools around our town. And it's a two days camp.
Moe : Sounds interesting. Where will we stay?
Shu : Well… Oh! We will stay at a tent and we will cook our dinner by ourselves on this day.
Moe : Great! Which kind of dinner shall we cook?
Shu : Let' s cook curry and rice.
Moe : Nice! I want to make strawberry sauce!
Shu : Moe, look! This camp has night performances.
Moe : Wow. We can experience many cultures from other countries.
Shu : Yes! This event sounds fun and exciting! I want to watch 'Haka from New Zealand'.
Moe : I want to watch Hula. Hula is a famous dance of Hawaii.
Shu : That's a good idea! Everyone will enjoy it!
Moe : I can't wait!
Shu : Me too, Moe.

問1 次の質問の答えとなる適切な語句を上の英文を参考にして、簡潔に答えなさい。

(1) What is the name of this special event?

(2) What does Shu want to cook?

(3) What is Hula?

問2 次の質問の答えとなる適切な語句を次のチラシ(flyer)を参考にして、簡潔に答えなさい。

(1) How many performances are there?

(2) What time will the 'Haka from New Zealand' start?

(3) How long will it take to cook plan B?

(4) 萌(Moe)の参加費はいくらですか。

(5) International camp は何月何日から始まりますか。

(6) スペインのダンスパフォーマンスは何分間行われますか。

Let's Go to International camp !

Time

August 20th, 11:00 AM

▼

August 21st, 4:00 PM

Place

Hori Hori camp village

Cost

【Stay at a tent】
4,000 yen

\+

Choose a plan!

Choose a plan!	Menu	(Time to cook)
【Plan A】 **3,000 yen**	・BBQ	(40min)
	+	
	・Pancakes	(10min)
	→with maple syrup & chocolate sauce	
【Plan B】 **2,000 yen**	・Curry and rice	(30min)
	+	
	・Pancakes	(10min)
	→with maple syrup & strawberry sauce (+ 5 min)	

Stage Schedule

Time	Performance	Team
5:00 PM ～ 5:20 PM	Hula dance from Hawaii	[Carp Hula Studio]
5:30 PM ～ 6:30 PM	Opera from Italy	[Alvaro Tettarino]
6:40 PM ～ 7:00 PM	Haka from New Zealand	[Team 0]
7:10 PM ～ 7:45 PM	Flamenco from Spain	[Rika de Menco]

【数　学】

1　次の計算をしなさい。

（1）　$5^2-3^2+4\times(-1)$

（2）　$\frac{3}{2}\times\frac{6}{5}-\frac{2}{3}\div\frac{10}{9}$

（3）　$3\sqrt{5}-2\sqrt{20}+\sqrt{45}$

（4）　$3x^2y\div6x^3y^3\times(-4xy)^2$

2　次の各問いに答えなさい。

（1）　一次方程式　$\frac{x+4}{2}=\frac{2x+5}{3}$　を解きなさい。

（2）　二次方程式　$x^2+5x+3=0$　を解きなさい。

（3）　連立方程式　$\begin{cases}2x-3y=-4\\y=3x-1\end{cases}$　を解きなさい。

（4）　$x^2-11x+24$　を因数分解しなさい。

（5）　$x=3+\sqrt{10}$のとき，x^2-6x+9の値を求めなさい。

（6）　時速 36km は分速何 m か求めなさい。

（7）　8%の食塩水 250g に含まれる食塩の量は何 g か求めなさい。

（8）　底面の半径が 2cm，高さが 6cm の円すいの体積を求めなさい。ただし，円周率はπとする。

3

あるタワーには，地上からメインデッキまで階段を登る企画があります。例年なら一段おき（中一段空ける）に並んで登ることができるのですが，現在は間隔を保つため，中五段を空けて登ることになっています。階段の段数が600段であるとき，次の各問いに答えなさい。

（1）　現在，同時に階段を登ることができる最大人数は，例年より何人少なくなっていますか。

（2）　メインデッキまで15分で登りきるためには，一段を何秒のペースで登ればよいか求めなさい。

（3）　地上からメインデッキまでの高さが150mであるとき，1段の高さは何cmになるか求めなさい。

（4）　地上から250mの高さにはトップデッキがあります。（3）と同じ高さの階段を作ると，メインデッキからトップデッキまでの階段は何段になるか求めなさい。

4

放物線 $y=\frac{1}{2}x^2$ のグラフに，x 座標がそれぞれ-4，2となる点A，Bをとる。点A，Bを通る直線とy軸との交点を点Cとするとき，次の各問いに答えなさい。

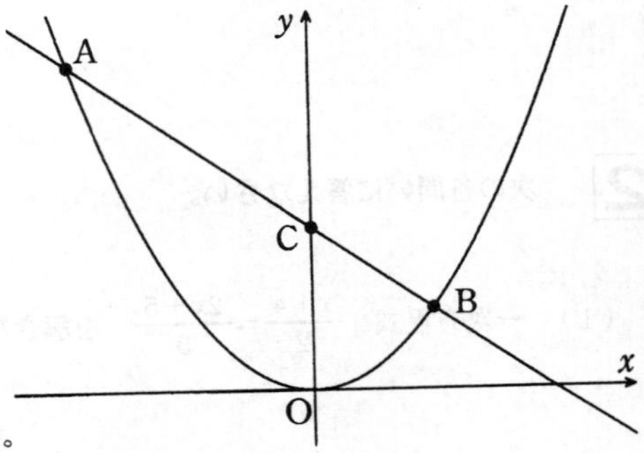

（1）　直線ABの式を求めなさい。

（2）　点Cの座標を求めなさい。

（3）　△OACの面積を求めなさい。

（4）　△OACと△OBCの面積比を最も簡単な整数比で求めなさい。

五

「陽子さん、始まったばかりの高校生活はどうですか。」に続くように、次の会話文を正しい順番に並べ替え、記号で答えなさい。

「陽子さん、始まったばかりの高校生活はどうですか。」

A 「では、ご家族もずいぶん喜んでいらっしゃるでしょうね。」

B 「中学生の時から続けている美術部に入部するつもりです。」

C 「はい。母が先生によろしくと申しております。」

D 「通学に慣れず緊張していますが、毎日楽しく過ごしています。」

E 「こちらこそ、よろしくお伝えください。ところで部活動は決めましたか。」

六

次の①～④について、例にならって空欄に適した語を漢字一字で答えなさい。

【例】

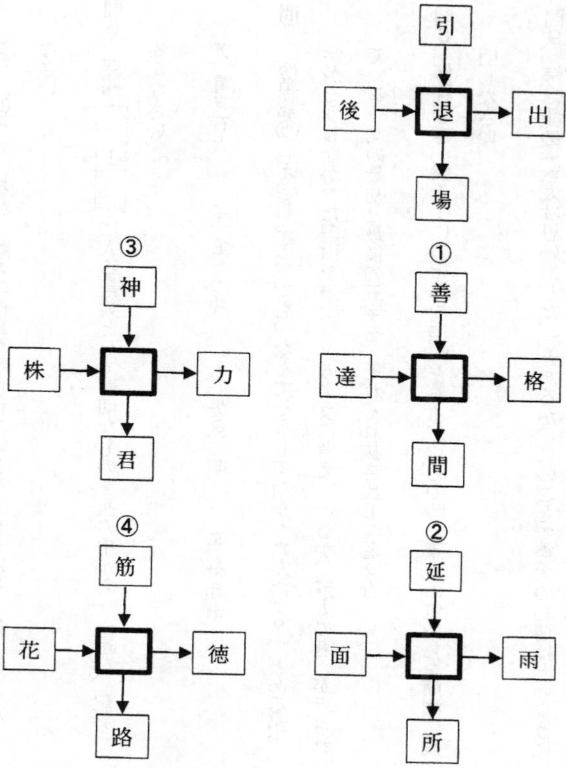

引
後
退
出
場
①
善
達
格
間
②
延
面
雨
所
③
神
株
力
君
④
筋
花
徳
路

問5　傍線部㋑「こういうの空気読めてないよね」と呟いた学のことを、憲太はどのように思っているか。憲太の推察が示されている一文を十四字で抜き出して答えなさい。

問6　空欄［　Ⅰ　］に入る言葉として適切なものを次の中から一つ選び、記号で答えなさい。

ア．電光石火　　イ．蛍雪の功　　ウ．先見の明　　エ．付和雷同

問7　傍線部㋒「え、じゃあ、でも、なんでそうしてなかったんだよ?」とあるが、学がそうしなかった理由を憲太はどのように考えているか。憲太の考えが示されている一文の最初と最後の五字を、それぞれ抜き出して答えなさい。

問8　傍線部㋓「握る手に力を込めた。」とあるが、その時の憲太の気持ちを簡潔に説明しなさい。

問9　傍線部㋔「憲太は思い出した。」とあるが、このことで憲太の心情はどのように変化したか。心情の推移が示されている一文の最初と最後の五字を、それぞれ抜き出して答えなさい。

問10　次の各文について、本文の内容と一致するものには○、一致しないものには×で答えなさい。

ア．学は憲太に寂しい思いをさせるほど、勉強していた。

イ．憲太は意地になっていて、自分からは謝らなかった。

ウ．学は雷光を見ると、涙を流して嗚咽をこらえていた。

エ．学が医師になろうと決めた時にも、雷が鳴っていた。

オ．憲太と学は、急いで林先生のところに戻ろうとした。

二

次の①～⑤の作品の作者を後の語群から選び、それぞれ記号で答えなさい。

①『枕草子』　②『方丈記』　③『源氏物語』　④『徒然草』　⑤『土佐日記』

〈語群〉
ア．鴨長明　　イ．紫式部　　ウ．紀貫之
エ．兼好法師　　オ．清少納言

三

次の①～⑤の□に生き物を表す漢字一字を入れ、慣用句を完成させなさい。

① □が合う
② □心あれば水心
③ 立つ□跡をにごさず
④ □も食わぬ
⑤ □の知らせ

四

次の①～⑤の［　　］に入る適切な副詞を後の語群から抜き出して答えなさい。ただし、同じ語は二度使用しないこと。

①［　　］夢のような話だ。
②［　　］約束を破ってはいけない。
③ 明日は［　　］晴れるだろう。
④［　　］僕の話をきいてくれ。
⑤［　　］手伝いをしなかったのか。

〈語群〉　たぶん・けっして・まるで・なぜ・どうか

うるさいんじゃなく、本当はおっかなくて、それどころじゃなかったくせに。

憲太は手を伸ばして、学の手首を摑《つか》んだ。

「こっち来いよ」

そして、すぐ隣に立たせる。

「いっぺんじっくり見てみろよ、雷。すげえかっこいいから」

直後、今までのものを凌駕《りょうが》する激しいいかずちが闇を払い、夜を⑤ブンダンした。ほぼ同時に猛々《たけだけ》しい神が吠《ほ》えているかのような轟音《ごうおん》が、耳をつんざいた。学は竦《すく》みあがった。

憲太は㋓握る手に力を込めた。

学の脈が指に感じられる。

落雷の直後、とても速くなったそれが、しだいに落ち着きを取り戻してゆく。

もう一度、雷光が夜空を切り裂く。

今度は学は竦まなかった。そのかわり、小さく息を飲んだ。

憲太は彼の顔を見た。

横顔には涙のあとがあった。［B］薄く開いた唇は、嗚咽《おえつ》をこらえるものではなかった。

「そういえば、僕が医師になろうと決めたときも」

その唇が動いて、言葉を紡ぐ。「雷が鳴ってた」

㋔憲太は思い出した。

二人して雷雨が通りすぎるのを待っていたあの日。

丘の中で足止めを食らったのは、憲太が木の根につまずき、捻挫《ねんざ》して歩けなくなったせいだった。

心配してくれた学。雷雨が去ったあと、大人を、久松先生を呼びに走ってくれた学。

「……そっか」

憲太の中にあった学に対するわだかまりが完全にとけて消え、かわりに嬉しさが満ちる。

「なあ、学」

「なに？」

「そういや林先生もおまえを探してたんだった」

「ああ、着信があったかも」

「どうする？戻ったほうがいいかな」

言いつつも、ついついⓔ名残惜しげに空を見やると、学が微《かす》かに笑った。

「ビートの間引き、一人でやらせちゃったから……」

今はもう少しつきあうよ。

憲太は返事のかわりに、学の手首をまたぎゅっと握った。

――乾ルカ著『願いながら、祈りながら』より――

※求道者…仏の教えを求めて修行する人。

問1 空欄［A］と［B］に当てはまる適切な語を次の中から選び、それぞれ記号で答えなさい。

ア．つまり　イ．けれども　ウ．そして　エ．たとえば

問2 傍線部ⓐ～ⓔの漢字の読みをひらがなで答えなさい。

問3 傍線部①～⑤のカタカナを漢字に直しなさい。

問4 傍線部㋐「学の焦り」を説明した文として適切なものを次の中から一つ選び、記号で答えなさい。

ア．雷雨がひどくなり自分の家に帰ることができない。

イ．『夜空を見る会』に呼ばれたが、参加していない。

ウ．停電で暗くなり、テキストを読むことができない。

エ．医師になろうと勉強しても、まだ結果に表れない。

二〇二一年度　堀越高等学校

【国語】

問いに字数制限がある場合、句読点などの文章記号も字数に含めます。

一　次の文章を読んで、後の問いに答えなさい。

稲妻が闇を裂く。凄まじい明るさだった。

憲太はⓐ窓辺で激しい光が生まれて①ショウメツするまでを、しっかりと目にすることができた。

小さな音がした。学がいったん外して長机の上に置いたⓑ眼鏡を、またかけたのだった。

［A］彼は椅子に腰かけ、テキストにそっと触れた。

「おまえ、勉強好き？」

訊《き》けば、学は少し考えてこう答えた。

「……わからないことを覚えたり、問題の解答を見つけるのは、嫌いじゃない」

学らしい答えだった。真摯《しんし》で※求道者《ぐどうしゃ》的な匂いがする。

「停電になって残念だったな」

憲太はテキストを指差した。「こんなに真っ暗じゃ読めないもんな」

言いたいことを吐き出したせいか、憲太も自然と㋐学の焦りに寄り添う気分になっていた。

憲太に寂しい思いをさせるほど、学は頑張っていた。

本気で医師になりたいのだ。村の大人や憲太の期待に、必死で応えようともしていたに違いない。

勉強しても努力しても結果がついてこなければ、もっとやらなければいけないと思うだろう。心の弱い人は、だったらいいやと投げだすかもしれないけれど、学はそうじゃなかった。

さっきはちょっと言い過ぎたな、と思っていたら、小さな声が耳に②トドいた。

「ごめん」

学が先に謝った。「せっかく『夜空を見る会』に③サソってくれたのに、一人でこんなところにひっこんで」

㋑こういう空気読めてないよね、と呟《つぶや》いた学は、まだどこか幼いような感じがした。でもそれは幼稚というのではなかった。

じゃあなんだろうと頭をひねって、気がついた。

幼いというより、素直なのだ。

「もういいよ、会は中止なんだしさ。それより」

雷雨はまだⓒ停滞していて、雷は収まる様子がない。「おまえももっと窓に近づけよ。そうしたらさ、雷落ちたときにそれ、読めるだろ」

「雷の光で本を読むの？」

「なんか、あるじゃん。ホタルと……」

「［Ⅰ］？」

「そうそう、それ。それの雷バージョン」

「……④イッシュン過ぎるよ」

学の指先がテキストの表紙に触れる。「それに、僕は無理だよ。僕は雷が……」

「あーあ。俺も林先生みたいに懐中電灯持ってたらな。おまえの役に立てたのに」

「明かりは、その気になればあるんだ」

学は隣の席に置いていたバッグの中から、携帯電話を取り出した。「これを開けばいいだけなんだ」

「あ、そっか。おまえ持ってたもんな。㋒え、じゃあ、でも、なんでそうしてなかったんだよ？」

「だって、雷がうるさすぎて……」

言い訳がましく、学はⓓ語尾を濁す。その態度はずっと昔、憲太に怖がりとからかわれてふくれたときを思い出させた。

英語解答

1 (1) イ　(2) ウ　(3) ウ　(4) イ
(5) ア

2 (1) ウ　(2) オ　(3) エ　(4) ア
(5) イ

3 (1) イ　(2) ウ　(3) エ　(4) エ
(5) ウ　(6) ２番目…イ　４番目…カ

4 問１ (1) ‘International camp’
〔インターナショナルキャンプ〕
(2) curry and rice〔カレーライス〕
(3) a famous dance of Hawaii
〔ハワイの有名な踊り〕

問２ (1) 4 performances〔4つ〕
(2) 6:40 PM〔午後6時40分〕
(3) 45 minutes〔45分〕
(4) 6000円　(5) 8月20日
(6) 35分間

1〔適語(句)選択〕

(1)How was ～？で「～はどうでしたか」と尋ねる疑問文。「夏休みはどうでしたか？」

(2)be動詞の命令文は Be で始める。　「気をつけて！　これは熱湯です」

(3)主語が This picture「この写真」なので‘be動詞＋過去分詞’「～される」という受け身の文にする。　take－took－taken　「この写真は昨年京都で撮られました」

(4)‘the＋最上級＋in …’で「…で最も～」の意味を表せる。「信濃川は日本で最も長い川です」

(5)‘to＋動詞の原形’で「～するために」という‘目的’を表せる(to不定詞の副詞的用法)。「私は試合で勝つために一生懸命に練習しました」

2〔対話文完成―適文選択〕

(1)「ニューヨークはどこにありますか？」―ウ．「それはアメリカにあります」　Where で‘場所’を尋ねるので，‘場所’を答える。

(2)「これは誰の辞書ですか？」―オ．「それは私のです」　Whose は「誰の」と持ち主を尋ねるので，mine「私のもの」と答えているオが適切。

(3)「どうしたのですか？」―エ．「頭痛がします」　What’s the matter with you？は「どうしたのですか」と，相手の体調や調子を尋ねる表現。「頭痛がする」と自分の状態を答えているエが適切。

(4)「ドアを開けてくれますか？」―ア．「もちろん」　Can you ～？「～してくれますか」は相手に物事を頼むときに用いる表現。依頼に応じるときは，Sure. などで答える。

(5)「あなたはどうやってここへ来ますか？」―イ．「電車で」　How は「どのように」と‘手段’を尋ねるので，‘by＋乗り物など’で「～で，～によって」と‘手段’を答える。

3〔長文読解総合―Eメール〕

≪全訳≫送信者：マリア(maria-white@horihori.com)／宛先：ジェシー(jessy-horikoshi@horihori.com)／件名：いい写真！／日付：2021年7月28日水曜日／親愛なるジェシー**1**こんにちは，お元気ですか？　私はとても元気です。昨日，あなたの写真を見ました。休日を楽しんでいたのですね。青いシャツが似合っていたし，あなたのお母さんも緑のズボンですてきでした。赤い野球帽をかぶっている男の子はあなたの弟さん〔お兄さん〕に違いありませんね。私は彼に東京を案内したから，よく覚えています。そこで私たちはお好み焼きを食べ，それはとてもおいしかったです。次にあなたたちが日本に来るときは，もんじゃ焼きを食べましょう。**2**来月，ロンドンに留学することを楽しみにしています。

そこでの私の留学中にあなたの家に泊まれるのはとてもラッキーです。私の高校は9月に始まる予定です。学校が始まる前にロンドンを案内してくれませんか？❸ところで，あなたたちは日本茶は好きですか？　私はあなたのご家族へのプレゼントとしてお茶を買うつもりです。／敬具／マリア

(1)**＜要旨把握＞**第1段落第3文に「昨日，あなたの写真を見ました」，「送信日(Date)」に「2021年7月28日水曜日」とあるので，イ．「火曜日」だとわかる。

(2)**＜要旨把握＞**第1段落第5文の in the green pants は，‘in＋服など’で「～を身につけて」という意味を表すので，「緑のズボンを履いて」という意味。

(3)**＜要旨把握＞**第1段落第7文より，エ．「彼女はジェシーの弟〔兄〕に東京を案内した」が適切。‘show＋人＋around＋場所’「〈人〉に〈場所〉を案内する」

(4)**＜要旨把握＞**第2段落第1文より，マリアは来月，ロンドンに留学するとわかる。

(5)**＜適語句選択＞**Will you ～？は相手に「～してくれませんか」と依頼する表現。応じるときは，ウの Of course.「もちろん」などで答える。

(6)**＜整序結合＞**「～するつもりだ」は be going to ～ で表せるので，「私は～を買うつもりです」は I am going to buy となる。「お茶」は some「いくらか，多少の」をつけて some tea とする。
I am going to buy some tea …

4 **〔長文読解総合―対話文〕**

≪全訳≫❶**修(S)**：萌，このチラシを見て。このイベントに興味ある？❷**萌(M)**：「インターナショナルキャンプ？」❸**S**：それは僕たちの町中にある学校の特別なイベントなんだ。そしてそれは2日間のキャンプだよ。❹**M**：おもしろそう。どこに泊まる予定なの？❺**S**：ええと…あっ！　テントに泊まって，この日は自分たちで夕食をつくるんだ。❻**M**：すてきね！　どちらの種類の夕食を料理しようか？❼**S**：カレーライスをつくろう。❽**M**：いいわね！　私はいちごソースをつくりたいな！❾**S**：萌，見て！　このキャンプには夜のパフォーマンスがあるよ。❿**M**：わあ。私たちは他の国々の多くの文化を経験できるのね。⓫**S**：そうだよ！　このイベントはとてもおもしろそうだ！　僕は「ニュージーランドのハカ」を見たいな。⓬**M**：私はフラを見たいな。フラはハワイの有名な踊りよ。⓭**S**：それはいい考えだね！　みんなそれを楽しむだろうな！⓮**M**：待ち切れないわ！⓯**S**：僕もだよ，萌。

問1＜英問英答＞(1)「この特別なイベントの名前は何か」―「インターナショナルキャンプ」　第1～3段落参照。　(2)「修は何を料理したいと思っているか」―「カレーライス」　第7段落参照。　(3)「フラとは何か」―「ハワイの有名な踊り」　第12段落参照。

問2＜英問英答・要旨把握＞(1)「いくつのパフォーマンスがあるか」―「4つ」　チラシの「ステージスケジュール」に4つのパフォーマンスがある。　(2)「『ニュージーランドのハカ』は何時に始まるか」―「午後6時40分」　チラシの「ステージスケジュール」の「ニュージーランドのハカ」は6:40 PM～7:00 PM。　(3)「プランBの料理をするにはどれくらいの時間がかかるか」―「45分」　「費用」のプランBより，カレーライスの調理時間は30分，パンケーキは10分，さらに「メイプルシロップといちごソース」に5分かかる。　(4)第7，8段落に「カレーライス」と「いちごソース」とあるので，チラシの「費用」より，プランBの食事をつくるとわかる。テントの宿泊が4000円，プランBが2000円で，合わせて6000円。　(5)チラシの「時間」に「8月20日午前11時～8月21日午後4時」とある。　(6)チラシの「ステージスケジュール」内の「スペインのフラメンコ」は，「午後7時10分～午後7時45分」。

数学解答

1 (1) 12　(2) $\dfrac{6}{5}$　(3) $2\sqrt{5}$

(4) $8x$

2 (1) $x=2$　(2) $x=\dfrac{-5\pm\sqrt{13}}{2}$

(3) $x=1$, $y=2$　(4) $(x-3)(x-8)$

(5) 10　(6) 分速600m　(7) 20g

(8) 8π cm^3

3 (1) 200人　(2) $\dfrac{3}{2}$秒　(3) 25cm

(4) 400段

4 (1) $y=-x+4$　(2) (0, 4)

(3) 8　(4) 2：1

1〔独立小問集合題〕

(1)＜数の計算＞与式 $=25-9+(-4)=25-9-4=12$

(2)＜数の計算＞与式 $=\dfrac{3}{2}\times\dfrac{6}{5}-\dfrac{2}{3}\times\dfrac{9}{10}=\dfrac{9}{5}-\dfrac{3}{5}=\dfrac{6}{5}$

(3)＜平方根の計算＞$\sqrt{20}=\sqrt{2^2\times5}=2\sqrt{5}$，$\sqrt{45}=\sqrt{3^2\times5}=3\sqrt{5}$ より，与式 $=3\sqrt{5}-2\times2\sqrt{5}+3\sqrt{5}=3\sqrt{5}-4\sqrt{5}+3\sqrt{5}=2\sqrt{5}$ となる。

(4)＜式の計算＞与式 $=3x^2y\div6x^3y^3\times16x^2y^2=\dfrac{3x^2y\times16x^2y^2}{6x^3y^3}=8x$

2〔独立小問集合題〕

(1)＜一次方程式＞両辺に6をかけて，$3(x+4)=2(2x+5)$，$3x+12=4x+10$，$3x-4x=10-12$，$-x=-2$　$\therefore x=2$

(2)＜二次方程式＞解の公式より，$x=\dfrac{-5\pm\sqrt{5^2-4\times1\times3}}{2\times1}=\dfrac{-5\pm\sqrt{13}}{2}$ となる。

(3)＜連立方程式＞$2x-3y=-4$……①，$y=3x-1$……②とする。②を①に代入して，$2x-3(3x-1)=-4$，$2x-9x+3=-4$，$-7x=-7$　$\therefore x=1$　これを②に代入して，$y=3\times1-1$　$\therefore y=2$

(4)＜因数分解＞積が24，和が -11 となる2数は -3 と -8 だから，与式 $=(x-3)(x-8)$ となる。

(5)＜式の値＞与式 $=(x-3)^2$ として，これに $x=3+\sqrt{10}$ を代入すると，与式 $=(3+\sqrt{10}-3)^2=(\sqrt{10})^2=10$ となる。

(6)＜数の計算—速さ＞時速36kmは，1時間に36km進む速さである。1時間は60分，36kmは $1000\times36=36000$(m)だから，1分で，$36000\div60=600$(m)進む。よって，時速36kmは分速600mである。

(7)＜数の計算＞8％の食塩水に含まれる食塩の量は，食塩水の量の $\dfrac{8}{100}$ に当たる。よって，8％の食塩水250gに含まれる食塩の量は，$250\times\dfrac{8}{100}=20$(g)となる。

(8)＜図形—体積＞円錐の体積は，$\dfrac{1}{3}\times$〔底面積〕$\times$〔高さ〕で求められる。底面の半径が2cm，高さが6cmだから，体積は，$\dfrac{1}{3}\times\pi\times2^2\times6=8\pi$(cm^3)となる。

3〔特殊・新傾向問題〕

(1)＜人数＞例年は，中1段空けて登ることができるので，人数が最大になるとき，人は2段ごとに並んでいる。階段の段数は600段なので，このときの人数は $600\div2=300$(人)となる。現在は，中5

段空けるので，人数が最大になるとき，人は6段ごとに並び，人数は$600\div6=100$(人)となる。よって，現在は，例年よりも，$300-100=200$(人)少なくなっている。

(2)＜速さ＞15分は，$60\times15=900$(秒)である。メインデッキまでの600段を900秒で登るから，1段を，$900\div600=\frac{3}{2}$(秒)のペースで登ればよい。

(3)＜1段の高さ＞150m は，$100\times150=15000$(cm)である。階段は600段だから，1段の高さは，$15000\div600=25$(cm)である。

(4)＜段数＞メインデッキからトップデッキまでの高さは，$250-150=100$(m)である。100m は，$100\times100=10000$(cm)だから，1段の高さが25cm の階段をつくると，メインデッキからトップデッキまでの階段は，$10000\div25=400$(段)になる。

4 〔関数―関数 $y=ax^2$ と直線〕

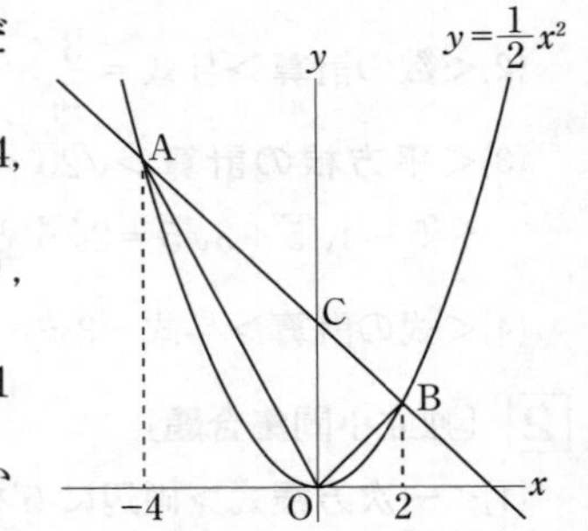

(1)＜直線の式＞右図で，点Aは放物線$y=\frac{1}{2}x^2$上にありx座標が-4だから，y座標は，$x=-4$を代入して，$y=\frac{1}{2}\times(-4)^2=8$より，A$(-4,\ 8)$となる。同様にして，点Bは$x$座標が2だから，$y=\frac{1}{2}\times2^2=2$より，B$(2,\ 2)$となる。よって，直線 AB の傾きは$\frac{2-8}{2-(-4)}=\frac{-6}{6}=-1$であるから，その式は$y=-x+b$とおける。この直線は点Bを通るから，$2=-2+b$，$b=4$となり，直線 AB の式は$y=-x+4$である。

(2)＜座標＞右上図で，(1)より，直線 AB の切片は4だから，点Cのy座標は4である。よって，C$(0,\ 4)$となる。

(3)＜面積＞右上図で，(2)よりC$(0,\ 4)$だから，$\mathrm{OC}=4$である。△OAC の底辺を OC と見ると，点Aのx座標が-4より，高さは4となる。よって，$\triangle\mathrm{OAC}=\frac{1}{2}\times4\times4=8$である。

(4)＜面積比＞右上図で，△OBC の底辺を$\mathrm{OC}=4$と見ると，点Bのx座標が2より，高さは2となる。よって，$\triangle\mathrm{OBC}=\frac{1}{2}\times4\times2=4$となる。(3)より$\triangle\mathrm{OAC}=8$だから，$\triangle\mathrm{OAC}:\triangle\mathrm{OBC}=8:4=2:1$である。

≪別解≫右上図で，△OAC と△OBC は底辺を OC と見ると，面積比は高さの比と等しくなる。△OAC の高さは4，△OBC の高さは2だから，$\triangle\mathrm{OAC}:\triangle\mathrm{OBC}=4:2=2:1$となる。

国語解答

一　問1　A…ウ　B…イ
問2　ⓐ　まどべ　ⓑ　めがね
ⓒ　ていたい　ⓓ　ごび
ⓔ　なごり
問3　①　消滅　②　届　③　誘
④　一瞬　⑤　分断
問4　エ
問5　幼いというより，素直なのだ。
問6　イ
問7　うるさいん～たくせに。
問8　雷で竦んでいる学を安心させたいという気持ち。
問9　憲太の中に～が満ちる。
問10　ア…○　イ…×　ウ…×　エ…○
オ…×

二　①　オ　②　ア　③　イ　④　エ
⑤　ウ

三　①　馬　②　魚　③　鳥　④　犬
⑤　虫

四　①　まるで　②　けっして
③　たぶん　④　どうか　⑤　なぜ

五　D→A→C→E→B

六　①　人　②　長　③　主　④　道

一〔小説の読解〕出典；乾ルカ『願いながら，祈りながら』。

≪本文の概要≫雷雨の夜，学は，「夜空を見る会」に参加したにもかかわらず，一人で勉強していた。憲太は，学が本気で医師になるためにがんばっていたことに気づき，学に対する発言を反省した。学も，一人でひっこんでいたことを，憲太に謝った。憲太は，雷の光で本を読むことを提案したが，実は学は携帯電話を持っており，それを開ければ明かりは確保できると打ち明けた。憲太は，雷が怖い学は雷雨の中では勉強できなかったのだと気づき，学を自分の隣に立たせて雷を見るように促した。落雷の様子を見つめながら，学は，自分が医師になろうとしたときも，雷が鳴っていたと言った。その言葉を聞いた憲太は，雷雨で足止めされたうえ，捻挫して歩けなくなったときのことを思い出した。そして，憲太の中にあった，学へのわだかまりは完全に消えて，うれしさが満ちた。

問1＜接続語＞A．学は，「いったん外して長机の上に置いた眼鏡」をまたかけて，それから「椅子に腰かけ，テキストに」触れた。　B．学の「横顔には涙のあとがあった」が，その様子とはうらはらに，「薄く開いた唇は，嗚咽をこらえるものでは」なかった。

問2＜漢字＞ⓐ「窓」の音読みは「車窓」などの「ソウ」。「辺」の音読みは「周辺」などの「ヘン」。　ⓑ「眼鏡」は，二字以上の熟語で特別な読み方をする熟字訓。　ⓒ「停滞」は，物事がうまく進まないこと。　ⓓ「語尾」は，言葉の最後の部分のこと。　ⓔ「名残」は，物事が終わったり過ぎ去ったりしても，気配がその場に残っていること。

問3＜漢字＞①「消滅」は，存在がすっかり消えてしまうこと。　②「届」の送り仮名は「ける」または「く」。　③「誘」の音読みは「勧誘」などの「ユウ」。　④「一瞬」は，まばたきをする程度の非常に短い時間のこと。　⑤「分断」は，ひとまとまりの物を別々に切り離すこと。

問4＜文章内容＞学は，「本気で医師になりたい」と思って「頑張っていた」が，「勉強しても努力しても結果がついて」こないので，「もっとやらなければいけない」と焦っていた。

問5＜文章内容＞「こういうの空気読めてないよね」とつぶやく学に対して，憲太は「まだどこか幼いような感じ」がするが，幼稚というのではなかったと感じた後，「幼いというより，素直なのだ」と気づいた。

問6＜故事成語＞憲太は，「ホタル」の光や雪明かりで勉強した故事を思い出して，「雷の光で本を読む」ことを学に勧めた。「蛍雪の功」は，苦労しながら勉学にいそしむこと。

問７＜文章内容＞携帯電話の明かりを使わなかった理由を，学は，「雷がうるさすぎて」と弁解したが，憲太は，「うるさいんじゃなく，本当はおっかなくて，それどころじゃなかった」と考えた。

問８＜心情＞学が，「今までのものを凌駕する激しいいかずち」と，「猛々しい神が吠えているかのような轟音」におびえて「竦みあがった」ので，憲太は，学を勇気づけ安心させようとして，握る手に力を込めた。

問９＜心情＞学が「医師になろうと決めた」のは，雷雨の日，「憲太が木の根につまずき，捻挫して歩けなくなった」ときである。憲太は，学の医師になるという夢に，自分が関わっていたことに気づいて，「学に対するわだかまりが完全にとけて消え，かわりに嬉しさが満ちる」のを感じた。

問10＜要旨＞学は，「本気で医師になりたい」という思いから，「憲太に寂しい思いをさせる」ほど，勉強を「頑張って」いた(ア…○)。学の必死の努力に気づいた憲太は，「さっきはちょっと言い過ぎたな」と自分の非を認めて反省した(イ…×)。雷が鳴ったとき，憲太が学の顔を見ると，「横顔には涙のあとがあった」が，「唇は，嗚咽をこらえるものでは」なかった(ウ…×)。雷を見ながら，学は，「僕が医師になろうと決めたとき」も「雷が鳴って」いたと言った(エ…○)。林先生が学を探していたことを思い出した憲太は，「戻ったほうがいいかな」と言ったが，学は「今はもう少しつきあうよ」と思い直して，二人はその場にとどまった(オ…×)。

二〔文学史〕

①『枕草子』は，平安時代に清少納言によって著された随筆。　②『方丈記』は，鎌倉時代に鴨長明によって著された随筆。　③『源氏物語』は，平安時代に紫式部によって著された長編物語。　④『徒然草』は，鎌倉時代に兼好法師によって著された随筆。　⑤『土佐日記』は，平安時代に紀貫之によって著された日記文学。

三〔国語の知識〕

①**＜慣用句＞**「馬が合う」は，お互いに気が合う，という意味。　②**＜ことわざ＞**「魚心あれば水心」は，相手の出方次第によっては，こちらにも応じる用意があるということ。　③**＜ことわざ＞**「立つ鳥跡をにごさず」は，その場を去るときは，見苦しくないように後始末をきちんとするべきである，という意味。　④**＜慣用句＞**「犬も食わぬ」は，誰も取り合おうとはしない，という意味。　⑤**＜慣用句＞**「虫の知らせ」は，何となく予感すること。

四〔語句〕

①「夢のような」話だ，とたとえている。　②約束を絶対に「破ってはいけない」と命じている。　③明日はおそらく「晴れるだろう」と推測している。　④ぜひとも「僕の話をきいてくれ」と頼んでいる。　⑤どうして「手伝いをしなかったのか」と理由を尋ねている。

五〔文章の構成〕

「始まったばかりの高校生活はどうですか」と尋ねられて，陽子さんは「毎日楽しく過ごしています」と答えた(…Ｄ)。その答えを受けて，「では，ご家族もずいぶん喜んでいらっしゃるでしょうね」と先生が尋ねた(…Ａ)。陽子さんは，「はい」と返事をして，「母が先生によろしくと申しておりました」と伝えた(…Ｃ)。それに対して先生は，「こちらこそ，よろしくお伝えください」と答えて，さらに，「部活動は決めましたか」と尋ねた(…Ｅ)。この質問に，陽子さんは，「美術部に入部するつもりです」と答えた(…Ｂ)。

六〔漢字〕

①「善人」「人間」「達人」「人格」という熟語になる。　②「延長」「長所」「面長」「長雨」という熟語になる。　③「神主」「主君」「株主」「主力」という熟語になる。　④「筋道」「道路」「花道」「道徳」という熟語になる。

2020年度 堀越高等学校

【英　語】

英語・数学・国語 合わせて90分，各100点

1 次の各英文が正しくなるように、(　　)内から適切な語を選び、記号で答えなさい。

(1) (ア. When　イ. Who　ウ. How) old are you?

(2) You should (ア. take　イ. have　ウ. get) a shower.

(3) She has (ア. seen　イ. seeing　ウ. saw) this movie twice.

(4) Tatsuya likes (ア. plays　イ. played　ウ. playing) tennis.

(5) Yuji takes care (ア. in　イ. of　ウ. to) a dog.

2 次の英文の応答として最もふさわしいものをア～オから1つずつ選び、記号で答えなさい。

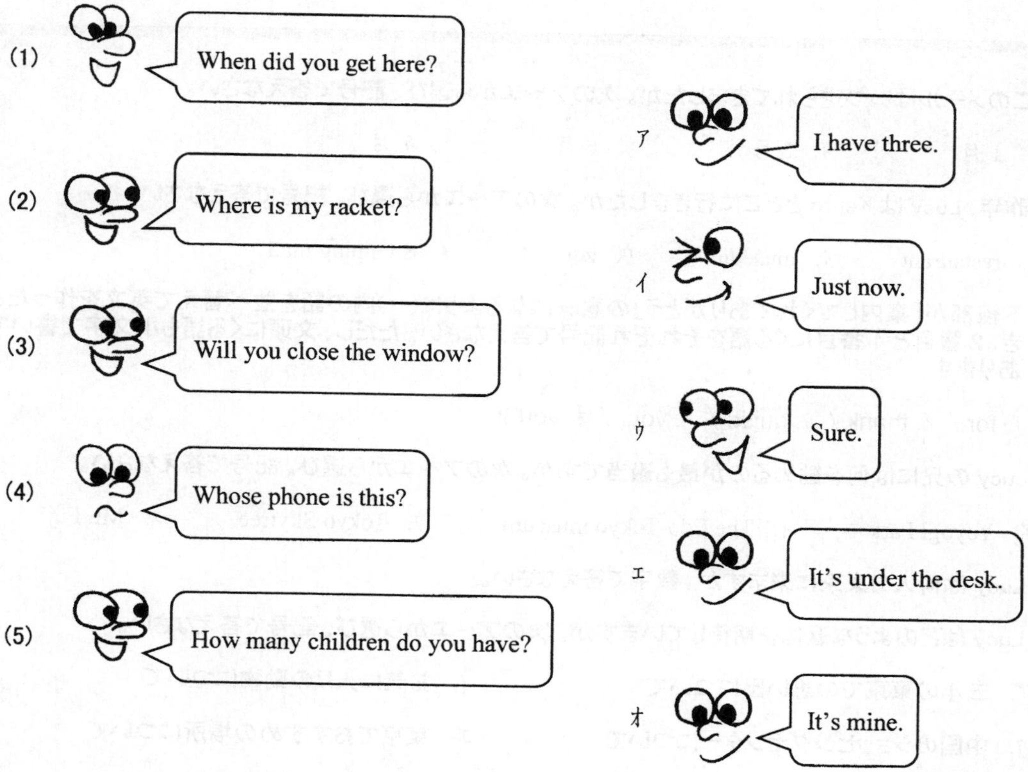
(1)
When did you get here?
(2)
Where is my racket?
(3)
Will you close the window?
(4)
Whose phone is this?
(5)
How many children do you have?
ア
I have three.
イ
Just now.
ウ
Sure.
エ
It's under the desk.
オ
It's mine.

3 次のＥメールは、帰国した留学生 Lucy が日本の友人 Kento に送ったものです。下の問いに答えなさい。

From:	Lucy (lucy-williams@horihori.com)
To:	Kento (kento-horikoshi@horihori.com)
Subject:	Trip in June
Date:	January 24, 2020

Hi, Kento,

How are you? I enjoyed Ueno Zoo with you last year and it was my best memory in Tokyo.
(ア. for / イ. thank / ウ. guide / エ. your / オ. you).
By the way, I will go on a trip to Tokyo with my family from June 26 to July 9. I'm looking forward to seeing the animals again. My mother wants to go shopping and my brother wants to visit a museum in Tokyo. My father said he would have a business trip to China at the end of June. So, he can't come this time.
We talked about the trip, but we don't know much about Tokyo. Do you know any good places for us? I hope you will have some good ideas.
Write to me soon.

Your friend,
Lucy

(1) このメールはいつ送られてきましたか。次のア～エから選び、記号で答えなさい。

ア. １月　　イ. ３月　　ウ. ６月　　エ. ７月

(2) 昨年、Lucy は Kento とどこに行きましたか。次のア～エから選び、記号で答えなさい。

ア. restaurant　　イ. museum　　ウ. zoo　　エ. shopping mall

(3) 下線部が「案内してくれてありがとう」の意味になるように(　)内の語を並べ替えて英文を作ったとき、2 番目と 4 番目にくる語をそれぞれ記号で答えなさい。ただし、文頭にくる語も小文字で書いてあります。

(ア. for / イ. thank / ウ. guide / エ. your / オ. you).

(4) Lucy の兄には何を勧めるのが最も適当ですか。次のア～エから選び、記号で答えなさい。

ア. Yoyogi Park　　イ. The Edo-Tokyo museum　　ウ. Tokyo Skytree　　エ. Mt. Fuji

(5) Lucy は何人で東京に来ますか。数字で答えなさい。

(6) Lucy はどのような返信を期待していますか。次のア～エから選び、記号で答えなさい。

ア. 去年の東京での思い出について　　イ. お気に入りの動物について

ウ. 中国のショッピングセンターについて　　エ. 東京でおすすめの場所について

4 右は Global Food Festival の地図とその案内です。次の文を読み、下の問いに答えなさい。ただし、解答は日本語と英語のどちらで答えても構いません。

アキラ(Akira)とブラウン(Brown)は週末の予定について話しています。

Brown : Hi, how are you? What will you do this weekend?
Akira : I'm good. I will go to the Global Food Festival in Sakura park.
Brown : What is that? I have never heard of it.
Akira : We can try many kinds of foods from around the world.
Brown : Sounds great! I want to go there.
Akira : Nice! Let's go together!
Brown : How can I go there?
Akira : You will get on a bus from Hinata station or walk from East station.
Brown : Hmm…ok. I will go to the park by bus.
Akira : Before entering the park, we need to pay a fee and get tickets for food.
Brown : I got it. How many tickets will you get?
Akira : 10 tickets are enough.
Brown : Ok. I will get 10 tickets.

(This weekend)

Akira : Which food will you have first?
Brown : I want to have a slice of pizza! I add sea food and cheese to the pizza.
Akira : Sounds nice! What will I have….I will have a hamburger first!
Brown : Ok! See you later!

(After that)

Akira : What food did you get?
Brown : I bought pizza with cheese and sea food, a shao-mai, curry and two macarons.
I wanted to add rice to the curry but I don't have another ticket.
Akira : Really? You can get more tickets.
Brown : Oh! I forgot it.
Akira : Let's get a ticket!

問1 上の英文を参考にして、次の質問に簡潔に答えなさい。

(1) What can we do in the Global Food Festival?
(2) How does Brown go to Sakura park?
(3) What food does Akira have first?

問2 地図や案内を参考にして、次の質問に簡潔に答えなさい。

(1) What time does the festival close on weekends?
(2) How long does it take for Brown to get to Sakura park from his house?
(3) How many countries join the Global Food Festival?
(4) チュロスはどこのお店で食べられますか。
(5) 子ども1人が入場し、10枚セットのチケットを購入した時、合計いくらになりますか。
(6) ハンバーガー、フィッシュアンドチップス、ライス付きカレーを1つずつ購入するとき、チケットは何枚必要になりますか。

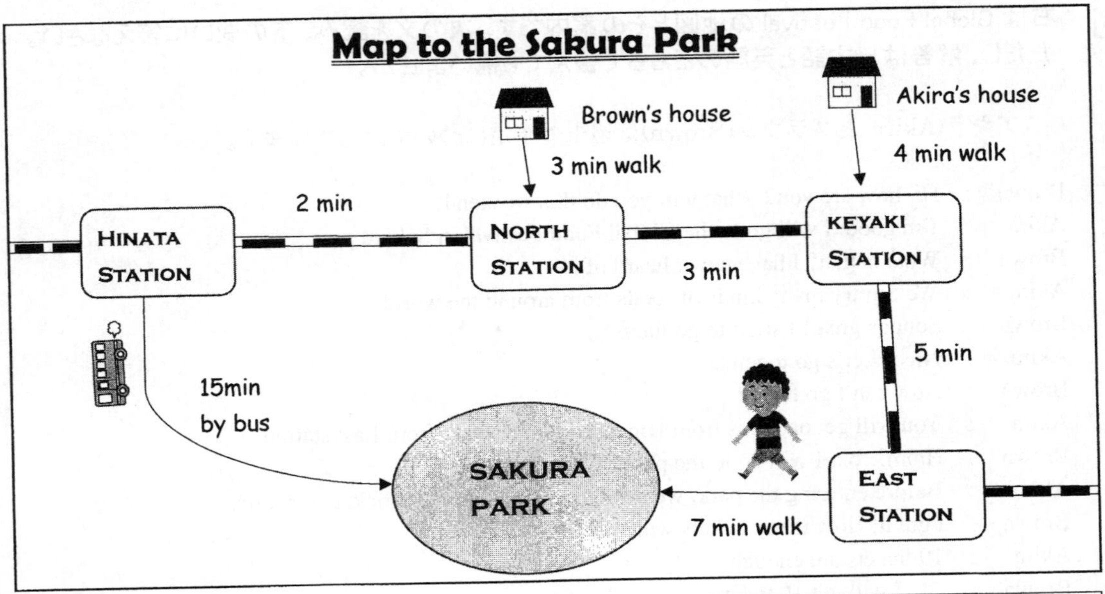
Map to the Sakura Park
Brown's house
3 min walk
Akira's house
4 min walk
2 min
HINATA STATION
NORTH STATION
3 min
KEYAKI STATION
5 min
15min
by bus
SAKURA PARK
EAST STATION
7 min walk

Global Food Festival

Open Hour	:	**Weekdays 9:00 – 18:00 (Last Order 17:30)** **Weekends 9:00 – 21:00 (Last Order 20:30)**
Entry Fee	:	**Adult ¥1,000 Child ¥500**
Ticket	:	**¥300 (one ticket) / ¥2,700 (10 tickets)** **You need tickets for food.**

Menu

American Diner

- Hamburger 2 tickets

Spanish Cafe

- Churros 1 ticket

English Banquet

- Fish & Chips 1 ticket

French Sweet

- Macaron 1 ticket

Italian Traveler

- Pizza 2 tickets

<Topping>

Cheese 1 ticket
Sea food 1 ticket

Chinese Master

- Shao-mai 2 tickets

Indian Station

- Curry 2 tickets

<Topping>

Rice 1 ticket
Nan 1 ticket

【数　学】

1　次の計算をしなさい。

（1）$(-3)^2-5+1^2$

（2）$\frac{3}{2}\div\frac{15}{8}+\frac{8}{15}\times\frac{9}{4}$

（3）$8\sqrt{2}-\sqrt{32}+\sqrt{8}$

（4）$-x^2y\div3x^2y^3\times(-6xy)^2$

（5）$(3\sqrt{2}-5)(\sqrt{2}+1)$

2　次の各問いに答えなさい。

（1）　一次方程式　$2x+3=\frac{x-1}{3}$　を解きなさい。

（2）　二次方程式　$x^2+5x-4=0$　を解きなさい。

（3）　連立方程式　$\begin{cases} y=6x-3 \\ 2x+y=5 \end{cases}$　を解きなさい。

（4）　$49x^2-1$　を因数分解しなさい。

（5）　240 g の水に 60 g の食塩を入れてできる食塩水の濃度は何%か求めなさい。

3 昨年の 10 月に消費税が増税され，税率が 10%になった。増税前（昨年の 9 月以前）の税率は 8%であった。次の商品をこれから購入するとき，次の各問いに答えなさい。

（1） 消費税抜きの価格が 123,400 円である冷蔵庫の消費税込みの価格を求めなさい。

（2） 消費税込みの価格が 55,550 円である掃除機の消費税の金額を求めなさい。

（3） 消費税抜きの価格が 85,000 円である洗濯機を，増税前に購入していたら，増税後の現在よりいくら安く購入できたか求めなさい。

（4） 炊飯器を購入したら，増税前より 1,300 円高くなった。増税後の炊飯器の消費税込みの価格を求めなさい。

4 右の図のように，直線①，②，③がある。直線①，②の交点，直線①，③の交点，直線②，③の交点をそれぞれ A，B，C とする。直線①は原点を通り，直線③の方程式は $y=-2x-5$ である。また，交点 A の y 座標を 5，交点 B の x 座標を -2，交点 C の x 座標を 0 とするとき，次の各問いに答えなさい。

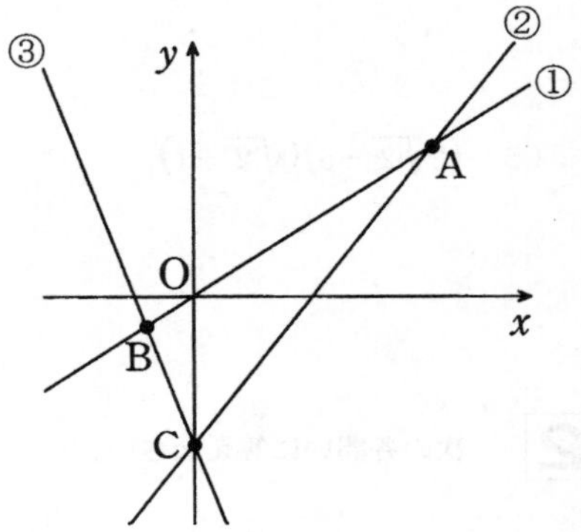

（1） 交点 B の y 座標を求めなさい。

（2） 直線①の方程式を求めなさい。

（3） 直線②の方程式を求めなさい。

（4） △ABC の面積を求めなさい。

（5） y 軸上に点 D をとるとき，△ABC と△DBC の面積が等しくなるような点 D の座標を求めなさい。ただし，点 D の y 座標は正の数とする。

六

次の①～④について、例にならって、それぞれ四字熟語を完成させなさい。

例

才	備	採
兼	剣	能
職	色	美

→ 才色兼備

①

慮	人	代
思	未	前
全	別	聞

→ □□□□

②

心	七	一
起	機	六
転	倒	期

→ □□□□

③

馬	風	東
耳	牛	同
西	目	雷

→ □□□□

④

刀	前	入
直	曲	単
短	後	剣

→ □□□□

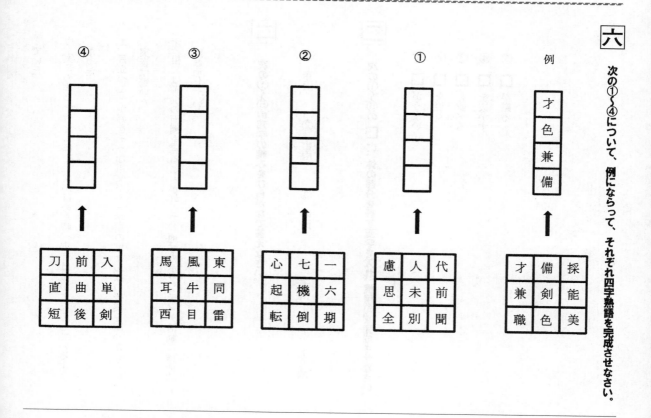

でいた。

ウ．実音の作った竹とんぼを祖父がほめた時、実音は微かに反応しているようだった。

エ．目立つことが好きそうな祖父が、三学期の竹とんぼの授業を断ったことに実音は驚いた。

オ．祖父は子供の面倒を見ることが好きで、地域のボランティア活動に積極的に参加していた。

二

次の①～⑤の漢字の読みをひらがなで答えなさい。

① 春雨　② 雷雨　③ 時雨　④ 涙雨　⑤ 五月雨

三

次の①～⑤の□に、体の部分を表す漢字を入れ、慣用句を完成させなさい。

① □がうまい

② □を焼く

③ □を並べる

④ □を抜かす

⑤ □が躍る

四

次の①～⑤の□に入る適切な接続詞を後の語群から抜き出して答えなさい。ただし、同じ語は二度使用しないこと。

① 急いで家を出た。□、遅刻してしまった。

② 一生懸命練習した。□、試合に勝つことができた。

③ 秋には行事がたくさんあります。□、文化祭・体育祭などです。

④ 彼は責任感が強く、□、誰にでも親切な人物だ。

⑤ 電話、□、メールでご相談ください。

〈語群〉　または・だから・かつ・たとえば・しかし

五

「私は「継続は力なり」という言葉が好きだ。」に続く、次の各文を正しい順番に並び替え、記号で答えなさい。

私は「継続は力なり」という言葉が好きだ。

A　毎日続けていると、他の記事にも関心を持つようになった。

B　なぜなら、自らの経験を通して、この言葉の重要性を実感したからだ。

C　これからも継続して新聞を読み、知識を得るとともに、表現の幅を広げていきたい。

D　私は、中学生の時から毎日、新聞のコラムを読んでいる。

E　また、記事を通して多くの言葉を知り、自分の考えを分かりやすく伝えられるようになった。

「何だ」

「——五年生と六年生にも、竹とんぼの授業、教えに行くの？」

三学期にやってほしい、という話は、終業式の日に実音に言われた後、直接学校からも電話がかかってきて正式に頼まれた。

俺は首を振る。「やらん」と答えた。

実音がびっくりしたように俺を見た。構えた竹とんぼを飛ばすことなく、そのままのⓓ姿勢で振り返る。

俺は続けた。

「もう断った」

「そうなの？」

実音はまだ驚いていた。

「おじいちゃん、絶対受けると思った。役員とか、目立つこと、好きそうだから」

「バカ言え。㋒あの授業は実音の学年だからやったんだ。孫もいないのに、違う子に教えるほど、俺だって暇じゃない」

孫の前でいい恰好《かっこう》ができると思えばこそ、竹を割ったり、⑤テマがかかるⓔ準備だってやったが、知らない子供相手にボランティアを買って出るほど俺は暇でもお人好しでもない。

俺の答えが意外だったのか、実音が目を見開いた。何かを考え込むようにちょっと俯《うつむ》き、それから、竹とんぼを飛ばす。今度はさっきほどはうまく行かず、飛ぶことは飛んだけど、大きく舞い上がりはしなかった。

——辻村深月『家族シアター』より——

問1 [A]～[C]に当てはまる適切な語を次の中から選び、それぞれ記号で答えなさい。

ア．やはり　イ．まさか　ウ．おそらく　エ．やがて

問2 傍線部ⓐ～ⓔの漢字の読みをひらがなで答えなさい。

問3 傍線部①～⑤のカタカナを漢字に直しなさい。

問4 傍線部㋐「俺は、孝治たちのことを呼ぶ時、まず、〝実音たち一家〟と呼ぶ。」とあるが、その理由として適切なものを次の中から一つ選び、記号で答えなさい。

ア．実の息子である孝治との関係が悪くなっているから。

イ．小さくてかわいい孫の実音を中心に考えているから。

ウ．実音の母である美貴子さんにどこか遠慮しているから。

エ．日頃から実音のわがままな言動にあきれているから。

問5 傍線部㋑「竹とんぼが、ぐーんと空に向けて舞い上がる。」とあるが、竹とんぼが上手に飛んだ理由を祖父は実音にどのように説明したか。本文中から二十一字で抜き出して答えなさい。

問6 傍線部㋒「あの授業は実音の学年だからやったんだ。」とあるが、実音の祖父が竹とんぼの授業をした理由を「～から」と続けられるように、本文中から十二字で抜き出して答えなさい。

問7 本文には次の一文が抜けている。【 Ⅰ 】～【 Ⅲ 】のどこに入れるのが適当か、記号で答えなさい。

一度成功すると楽しいのか、手応えを感じた実音が大喜びで落ちた竹とんぼを拾いに行く。

問8 次の各文について、本文の内容と一致するものには○、一致しないものには×で答えなさい。

ア．祖父は、部屋を暗くして閉じこもっている実音を心配して、竹とんぼ遊びに誘った。

イ．実音と祖父は仲が良く、日ごろから二人で一緒に出かけて竹とんぼで遊ん

二〇二〇年度 堀越高等学校

【国語】

問いに字数制限がある場合、句読点などの文章記号も字数に含めます。

一 次の文章を読んで、後の問いに答えなさい。

新居の実音《みおん》の部屋に入ることなんて、ⓐ滅多になかった。

前に怒られたことを思い出し、ドアを開ける前に二回、コンコン、と叩《たた》く。返事は、なかった。

ゆっくりとドアを開けると、中はカーテンが閉められて薄暗い。実音はベッドで、①セナカを丸めて横たわっていた。本当に寝ているかどうかは、顔が②カベの方を向いているせいでわからなかった。

「実音」

呼びかけると、体が、微かに動いた。

美貴子《みきこ》さんや孝治《こうじ》ならいざ知らず、［ A ］、俺が来るとは思わなかったのかもしれない。

「出かけないか」と俺は誘った。

「竹とんぼを飛ばしに行こう」

来るのを嫌がるかもしれないと思ったが、意外にも、実音は俺と一緒に来た。二人だけで出かけるのは、実音たち一家が戻ってきてからは、初めてのことだった。

――そこまで思って、ふと、気づく。

㋐俺は、孝治たちのことを呼ぶ時、まず、〝実音たち一家〟と呼ぶ。

家族というのは、どういうわけか、実の息子である孝治の名前を差し置いて、一番小さくてかわいいものを中心に考えられるようになるのだ。そうやって回っていく。

実音と俺は、近所の神社に行った。

ⓑ境内の横に、俺が毎日ゲートボールをする広場がある。その真ん中に立った実音は、竹とんぼを握り締めて、空を見ていた。冬の空は、色が白っぽく薄かったが、空気が③スんでいるのか、遠くまで広がる雲がよく見渡せた。

だぼっとしたパーカーの中で、実音の痩せた体が泳いでいる。ショートカットの実音は、少年のようであっても、その下から細いジーンズの足が伸びていた。

［ B ］女の子だ。繊細な顔立ちをしている。

竹とんぼを飛ばそうとして、実音が両手を構える。闇雲に右手を引くと、竹とんぼは飛翔することなく、回転しながら一直線にⓒ墜落した。【 Ⅰ 】

「貸してみろ」

実音の手から受け取り、今度は俺が竹とんぼを両手に挟んで構える。左手を④ジクに右手を大きく押し出すと、今度は、㋑竹とんぼが、ぐーんと空に向けて舞い上がる。

初めて、実音の口から「わあっ」という声が洩《も》れた。

小さな声で「すごい」と呟《つぶや》く。【 Ⅱ 】

「飛ばし方は慣れだ。これぐらい、すぐできるようになるさ。実音の竹とんぼは他の子よりよくできてるから、だから飛ぶんだ。やってみろ」

「うん」

他の子よりよくできてる、と言った時、微かに実音の顔に動きがあったように思えた。そのまま黙って、続けて竹とんぼを飛ばす。

うまくいかないで、すぐに地面に落ちてしまう時もあったが、俺はとりあえずは何も言わないで、黙ってその様子を見ていた。

［ C ］、まぐれあたりのようないい一回がやってきて、実音の手から、竹とんぼが大きくふわりと空に舞った。

「わあー！」

「おお、いい。いい」

【 Ⅲ 】

「おじいちゃん」と話しかけられた。

英語解答

1 (1) ウ　(2) ア　(3) ア　(4) ウ
(5) イ

2 (1) イ　(2) エ　(3) ウ　(4) オ
(5) ア

3 (1) ア　(2) ウ
(3) ２番目…オ　４番目…エ　(4) イ
(5) ３人　(6) エ

4 問１ (1) We can try many kinds of foods from around the world〔世界中の多くの種類の料理を食べることができる〕
(2) By bus〔バス〕
(3) A hamburger〔ハンバーガー〕
問２ (1) 21:00〔午後９時〕
(2) 20 minutes〔20分〕
(3) 7 countries〔７か国〕
(4) Spanish Cafe〔スパニッシュカフェ〕
(5) 3200円　(6) ６枚

1〔適語選択〕

(1)How old で「何歳」という意味を表せる。
(2)take a shower で「シャワーを浴びる」という意味を表せる。
(3)直前の has に着目して，'have/has＋過去分詞' の現在完了形にする。 see－saw－seen
(4)like ～ing で「～するのが好きだ」という意味を表せる。
(5)take care of ～で「～の世話をする」という意味を表せる。

2〔対話文完成―適文選択〕

(1)「あなたはいつここに着いたのですか？」―イ．「たった今です」 When で '時' を尋ねられているので，'時間' を表すイが適切。
(2)「私のラケットはどこですか？」―エ．「それは机の下にあります」 Where で '場所' を尋ねられているので，'場所' を表すエが適切。
(3)「窓を閉めてくれませんか？」―ウ．「いいですよ」 Will you ～？「～してくれませんか」は相手に物事を頼むときに用いられる。依頼に応じるときには，Sure. などで答える。
(4)「これは誰の電話ですか？」―オ．「それは私のです」 Whose は「誰の」で持ち主を尋ねているので，mine「私のもの」を含むオが適切。
(5)「あなたには何人の子どもがいますか？」―ア．「３人います」 How many で '数' を尋ねているので，three「３」を含むアが適切。

3〔長文読解総合―Eメール〕

≪全訳≫送信者：ルーシー(lucy-williams@horihori.com)／宛先：ケント(kento-horikoshi@horihori.com)／件名：６月の旅行／日時：2020年１月24日／こんにちは，ケント❶お元気ですか？ 私は去年あなたと上野動物園を楽しみ，それが東京での最高の思い出でした。❷案内してくれてありがとう。／ところで，私は６月26日から７月９日まで，家族と東京へ旅行に行きます。また動物たちを見るのを楽しみにしています。母は買い物に行きたがっていて，兄は東京の博物館を訪れたがっています。父は６月の最後に中国へ出張があると言っていました。だから，今回は行けません。❸私たちはこの旅行について話しましたが，東京のことをあまり知りません。私たちにおすすめの場所を知りませんか？ あなたに何か良い考えがあればいいなと思います。／近いうちにお返事ください。／あなたの友達／ルーシ

ーより

⑴＜要旨把握＞メールの送信日時(Date)に January 24, 2020「2020年1月24日」とある。

⑵＜要旨把握＞第1段落第2文に「私は去年あなたと上野動物園を楽しみ」とある。

⑶＜整序結合＞「～をありがとう」は Thank you for ～ で表せる。「あなたの案内」は your guide とすればよい。　Thank you for your guide.

⑷＜要旨把握＞第2段落第3文から，ルーシーの兄は東京の博物館を訪れたいことがわかる。

⑸＜要旨把握＞第2段落の内容から，ルーシー，お母さん，お兄さんの3人で東京に来ることがわかる。

⑹＜要旨把握＞第3段落で，ルーシーは東京のことをよく知らないので，おすすめの場所を知りませんかとケントに尋ねている。

4〔長文読解総合―対話文〕

≪全訳≫❶ブラウン(B)：やあ，元気？　今週末は何をするの？❷アキラ(A)：元気だよ。僕は，サクラ公園のグローバル・フード・フェスティバルに行くよ。❸B：それは何？　聞いたことないな。❹A：世界中の多くの種類の料理を食べられるんだ。❺B：すごいね！　僕もそこへ行きたいな。❻A：いいよ！　一緒に行こう！❼B：どうやってそこへ行けるの？❽A：ヒナタ駅からバスに乗るか，東駅から歩けるよ。❾B：うーん，わかった。僕はバスで公園へ行くよ。❿A：公園に入る前に，入場料を払って食べ物のチケットを買う必要があるんだ。⓫B：わかった。君はチケットを何枚買うの？⓬A：10枚で十分だね。⓭B：オーケー。10枚チケットを買うね。⓮(週末)⓯A：最初にどの食べ物を食べる？⓰B：ピザを1枚食べたいな！　ピザにシーフードとチーズをのせるんだ。⓱A：いいね！　僕は何を食べようか…最初にハンバーガーを食べよう！⓲B：オーケー！　また後でね！⓳(その後)⓴A：どんな食べ物を買った？㉑B：チーズとシーフードのピザ，シュウマイ，カレー，それとマカロンを2つ買ったよ。カレーにごはんをつけたかったけど，チケットがないんだ。㉒A：本当？　もっとチケットを買えるよ。㉓B：ああ！　忘れていたよ。㉔A：チケットを買いに行こう！

問1＜英問英答＞⑴「グローバル・フード・フェスティバルで私たちは何ができるか」―「世界中の多くの種類の料理を食べられる」　第4段落参照。　⑵「ブラウンはどうやってサクラ公園へ行くか」―「バスで」　第9段落参照。　⑶「アキラは最初にどんな食べ物を食べるか」―「ハンバーガー」　第17段落参照。

問2＜英問英答・要旨把握＞⑴「週末，お祭りは何時に終わるか」―「21時」　グローバル・フード・フェスティバルの案内の Open Hour の2行目に Weekends 9:00－21:00とある。　⑵「ブラウンが家からサクラ公園に着くにはどのくらい時間がかかるか」―「20分」　サクラ公園までの地図に，ブラウンの家から北駅までが徒歩3分，北駅からヒナタ駅までが電車で2分，ヒナタ駅からサクラ公園までがバスで15分とあるので，合わせて20分かかる。　⑶「グローバル・フード・フェスティバルには何か国が参加しているか」―「7か国」　案内には7か国のメニューがある。

⑷右下のメニューから Churros「チュロス」は Spanish Cafe で食べられることがわかる。

⑸案内の Entry Fee「入場料」に Child「子ども」500円，Ticket「チケット」は10枚で2700円と書かれているので，合わせて3200円になる。　⑹案内のメニューから，必要なチケットの枚数は，ハンバーガー2枚，フィッシュアンドチップス1枚，ライスつきカレー3枚とわかるので，合わせて6枚になる。

数学解答

1 (1) 5　(2) 2　(3) $6\sqrt{2}$　(4) $-12x^2$　(5) $1-2\sqrt{2}$

2 (1) $x=-2$　(2) $x=\dfrac{-5\pm\sqrt{41}}{2}$　(3) $x=1,\ y=3$　(4) $(7x+1)(7x-1)$　(5) 20％

3 (1) 135740円　(2) 5050円　(3) 1700円　(4) 71500円

4 (1) -1　(2) $y=\dfrac{1}{2}x$　(3) $y=x-5$　(4) 30　(5) D(0, 25)

1〔独立小問集合題〕

(1)＜数の計算＞与式$=9-5+1=5$

(2)＜数の計算＞与式$=\dfrac{3}{2}\times\dfrac{8}{15}+\dfrac{8}{15}\times\dfrac{9}{4}=\dfrac{3\times8}{2\times15}+\dfrac{8\times9}{15\times4}=\dfrac{4}{5}+\dfrac{6}{5}=\dfrac{10}{5}=2$

(3)＜平方根の計算＞与式$=8\sqrt{2}-\sqrt{4^2\times2}+\sqrt{2^2\times2}=8\sqrt{2}-4\sqrt{2}+2\sqrt{2}=6\sqrt{2}$

(4)＜式の計算＞与式$=-x^2y\times\dfrac{1}{3x^2y^3}\times36x^2y^2=-\dfrac{x^2y\times1\times36x^2y^2}{3x^2y^3}=-12x^2$

(5)＜平方根の計算＞与式$=3\sqrt{2}\times\sqrt{2}+3\sqrt{2}-5\sqrt{2}-5=3\times2-2\sqrt{2}-5=6-2\sqrt{2}-5=1-2\sqrt{2}$

2〔独立小問集合題〕

(1)＜一次方程式＞両辺を3倍して，$6x+9=x-1$，$6x-x=-1-9$，$5x=-10$　$\therefore x=-2$

(2)＜二次方程式＞解の公式より，$x=\dfrac{-5\pm\sqrt{5^2-4\times1\times(-4)}}{2\times1}=\dfrac{-5\pm\sqrt{41}}{2}$

(3)＜連立方程式＞$y=6x-3$……①，$2x+y=5$……②とする。①を②に代入して，$2x+(6x-3)=5$，$2x+6x-3=5$，$8x=8$　$\therefore x=1$　これを①に代入して，$y=6-3=3$となる。

(4)＜因数分解＞与式$=(7x)^2-1^2=(7x+1)(7x-1)$

(5)＜数の計算―濃度＞このときできる食塩水の質量は，$240+60=300$(g)である。よって，求める食塩水の濃度は，〔濃度(％)〕$=\dfrac{〔食塩の質量(g)〕}{〔食塩水の質量(g)〕}\times100$より，$\dfrac{60}{300}\times100=20$(％)となる。

3〔数の計算―消費税〕

(1)＜価格＞消費税が10％だから，消費税込みの価格は，消費税抜きの価格の，$100+10=110$(％)である。よって，消費税抜きの価格が123400円である冷蔵庫の消費税込みの価格は，$123400\times\dfrac{110}{100}=135740$(円)である。

(2)＜消費税＞消費税込みの価格は消費税抜きの価格の110％で，消費税は10％だから，消費税込みの価格が55550円である掃除機の消費税の価格は，$55550\times\dfrac{10}{110}=5050$(円)となる。

(3)＜消費税＞消費税が8％から10％になったことから，消費税は，$10-8=2$(％)増税されたことになる。よって，消費税抜きの価格が85000円である洗濯機を，増税前に購入していたら，$85000\times\dfrac{2}{100}=1700$(円)安く購入できた。

(4)＜価格＞消費税が2％増税されると，炊飯器の価格が増税前に比べて1300円高くなったことから，炊飯器の消費税抜きの価格の2％が1300円である。これより，炊飯器の消費税抜きの価格は，$1300\div\dfrac{2}{100}=65000$(円)となる。よって，増税後の炊飯器の消費税込みの価格は，$65000\times\dfrac{110}{100}=71500$(円)である。

4 〔関数――一次関数〕

≪基本方針の決定≫(4)　△ABC を y 軸で 2 つの三角形に分けて考える。　(5)　底辺を共有する三角形の面積が等しいとき，2 つの三角形の高さは等しい。

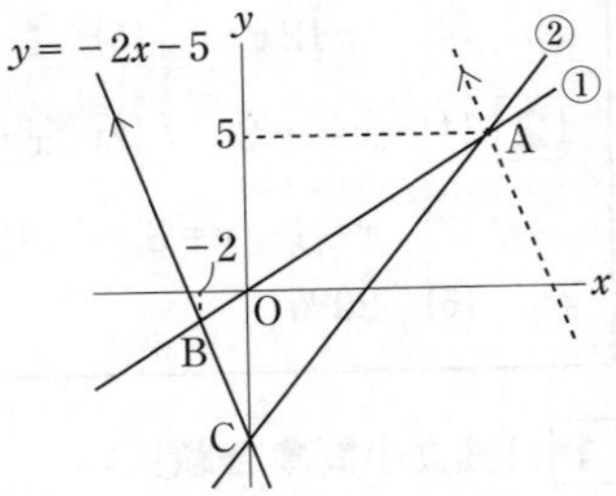

(1)**＜y 座標＞**右図で，点Bは直線 $y=-2x-5$ 上の点で，x 座標が -2 だから，$y=-2x-5$ に $x=-2$ を代入して，$y=-2\times(-2)-5=4-5=-1$ となり，点Bの y 座標は -1 である。

(2)**＜直線の式＞**右図で，直線①は原点を通るので，傾きを a とすると，その式は $y=ax$ とおける。(1)より，この直線は B$(-2,\ -1)$ を通るから，$y=ax$ に $x=-2$，$y=-1$ を代入して，$-1=a\times(-2)$ より，$a=\frac{1}{2}$ となる。よって，直線①の式は $y=\frac{1}{2}x$ である。

(3)**＜直線の式＞**右上図で，点Aは直線 $y=\frac{1}{2}x$ 上の点で，y 座標が 5 より，$y=\frac{1}{2}x$ に $y=5$ を代入して，$5=\frac{1}{2}x$，$x=10$ となるから，A$(10,\ 5)$ である。また，直線②は直線 $y=-2x-5$ と y 軸上の点Cで交わるから，直線 $y=-2x-5$ の切片より，直線②の切片も -5 である。よって，直線②の式は $y=bx-5$ とおけ，これが A$(10,\ 5)$ を通ることから，$5=b\times10-5$ が成り立つ。これを解くと，$b=1$ となるから，直線②の式は $y=x-5$ である。

(4)**＜面積＞**右上図で，△ABC を y 軸で 2 つの三角形に分け，△ABC＝△AOC＋△BOC とする。ここで，△AOC と△BOC に共通する辺 OC を底辺と見ると，$\mathrm{OC}=0-(-5)=5$ であり，それぞれの高さは点A，Bの x 座標より10，2 である。よって，$\triangle\mathrm{ABC}=\frac{1}{2}\times5\times10+\frac{1}{2}\times5\times2=25+5=30$ となる。

(5)**＜座標―等積変形＞**△ABC と△DBC の面積が等しくなるには，辺 BC を共通の底辺と見ると，高さは等しくなるから，AD∥BC である。これより，点Dは，点Aを通り直線 $y=-2x-5$ に平行な直線と，y 軸との交点である。直線 $y=-2x-5$ の傾きが -2 より，直線 AD の傾きも -2 なので，その式を直線 $y=-2x+c$ とおくと，A$(10,\ 5)$ を通るから，$5=-2\times10+c$ より，$c=25$ となる。よって，直線 AD の式は $y=-2x+25$ で，切片は25だから，D$(0,\ 25)$ である。

国語解答

一
問1　A…イ　B…ア　C…エ
問2　ⓐ　めった　ⓑ　けいだい
ⓒ　ついらく　ⓓ　しせい
ⓔ　じゅんび
問3　①　背中　②　壁　③　澄
④　軸　⑤　手間
問4　イ
問5　実音の竹とんぼは他の子よりよくできてるから
問6　孫の前でいい恰好ができる［から］
問7　Ⅲ
問8　ア…○　イ…×　ウ…○　エ…○
オ…×

二　①　はるさめ　②　らいう
③　しぐれ　④　なみだあめ
⑤　さみだれ

三　①　口　②　手　③　肩　④　腰
⑤　胸

四　①　しかし　②　だから
③　たとえば　④　かつ
⑤　または

五　B→D→A→E→C

六　①　前代未聞　②　心機一転
③　馬耳東風　④　単刀直入

一〔小説の読解〕出典；辻村深月『家族シアター』。

≪本文の概要≫暗い部屋に引きこもっている実音を心配した「俺」は，実音を外に誘い，久しぶりに一緒に出かけた。「俺」は，実音の学校で竹とんぼづくりの特別授業をし，つくった竹とんぼを飛ばしに行こうと言った。実音の竹とんぼは，実音が飛ばしてもうまくいかないが，「俺」が飛ばすと空に向けて飛び，実音は少し興奮した。「俺」が，実音の竹とんぼは他の子のものよりもよくできているから飛ぶのだと，実音の気持ちを引き立てることを言うと，実音は，その言葉に小さな反応を見せた。何度も試行するうち，実音の竹とんぼはまぐれで一回大きく飛び，実音は，大喜びして竹とんぼを拾った。「俺」は，実音に，他の学年にも竹とんぼの授業をするのかと問われ，学校から依頼はあったが断ったと答えた。「俺」は，かわいい孫娘のためと思えばこそ，手間のかかる準備もいとわず，竹とんぼの授業をしたのだった。「俺」が竹とんぼの授業をしたのは，目立つことが好きだからだと思っていた実音は，「俺」の返事を意外に思った。

問1＜表現＞A．実音は，「俺」が来るとは全く想像していなかったのかもしれない。「まさか」は，打ち消しの語を伴って，打ち消しを強める。　B．やせてショートカットで，「少年のよう」だとはいっても，結局は女の子だ。　C．実音の竹とんぼは，初めはうまくいかなかったが，そのうちにまぐれでいい一回に当たり，大きく飛んだ。

問2＜漢字＞ⓐ「滅多にない」は，まれにしかない，という意味。　ⓑ神社や寺院の敷地内のこと。　ⓒ高いところから落ちること。　ⓓ体の構え方のこと。　ⓔ物事を行うために前もってしたく，用意すること。

問3＜漢字＞①「背」の音読みは「背面」などの「ハイ」。　②「壁」の音読みは「壁画」などの「ヘキ」。　③透きとおっているさま。　④中心となるもののこと。　⑤物事をするために費やされる時間や労力のこと。

問4＜文章内容＞家族というものは，家族の中で「一番小さくてかわいいものを中心に考えられるようになる」ので，「俺」は，息子の家族のことを，「実音たち一家」と呼ぶ。

問5＜文章内容＞「俺」は，「実音の竹とんぼは他の子よりよくできてるから」上手に飛ぶのだと説明した。

問6＜文章内容＞「俺」は，「孫の前でいい恰好ができると思えばこそ」，手間のかかる準備もいとわず，実音の学年に「竹とんぼの授業」をやったのである。

問７＜文脈＞「まぐれあたり」で竹とんぼが大きく飛ぶと，一度成功して楽しくなったのか，実音は，大喜びで竹とんぼを拾いに行った。

問８＜要旨＞「俺」は，「カーテンが閉められて薄暗い」部屋に閉じこもり，「ベッドで，背中を丸めて」横たわっている孫の実音を心配して，「竹とんぼを飛ばしに行こう」と実音を外に誘った(ア…○)。実音と「俺」が，「二人だけで出かけるのは，実音たち一家が戻ってきてからは，初めてのこと」であった(イ…×)。「俺」が，実音の竹とんぼを「他の子よりよくできてる」と言ったとき，「微かに実音の顔に動きがあった」ように，「俺」には思えた(ウ…○)。「五年生と六年生にも，竹とんぼの授業，教えに行くの？」という質問に，「俺」が「やらん」と答えると，実音は，「おじいちゃん，絶対受けると思った。役員とか，目立つこと，好きそうだから」と言い，「俺」の返事に「びっくり」していた(エ…○)。「俺」は，「孫の前でいい恰好ができると思えばこそ，竹を割ったり，手間がかかる準備」をしてまで，実音の学年に「竹とんぼの授業」をしたが，「知らない子供相手にボランティアを買って出るほど俺は暇でもお人好しでもない」ので，他学年の「竹とんぼの授業」を断った(オ…×)。

二〔漢字〕

①「春雨」は，春，しとしとと静かに降る雨のこと。　②「雷雨」は，雷を伴った激しい雨のこと。　③「時雨」は，晩秋から初冬にかけて降る冷たい通り雨のこと。　④「涙雨」は，悲しみの涙が化して降ると思われる雨，または，少しだけ降る雨のこと。　⑤「五月雨」は，陰暦五月頃に降り続く長雨，梅雨のこと。

三〔慣用句〕

①「口がうまい」は，言葉が巧みで人を口先で丸め込むのがうまい，という意味。　②「手を焼く」は，処理にてこずる，持て余す，という意味。　③「肩を並べる」は，対等の位置に立つ，という意味。　④「腰を抜かす」は，驚きや恐れのために立てなくなる，という意味。　⑤「胸が躍る」は，期待や興奮で心が弾む，という意味。

四〔語句〕

①急いで家を出たけれども，遅刻した。　②一生懸命練習したので，試合に勝った。　③秋にたくさんある行事の例として，文化祭や体育祭などがある。　④彼は，責任感が強く，加えて，誰にでも親切だ。　⑤電話かメールかのどちらかで，ご相談ください。

五〔文章の構成〕

まず，「『継続は力なり』という言葉が好き」であるのは，「自らの経験を通して，この言葉の重要性を実感したから」である(…B)。その「自らの経験」とは，「毎日，新聞のコラムを読んでいる」ことである(…D)。そして，「毎日続けている」ことによって，コラムの「他の記事にも関心を持つようになった」のである(…A)。さらに，「毎日続けている」ことで，「記事を通して多くの言葉を知り，自分の考えを分かりやすく伝えられるようになった」のである(…E)。最後に，今後の展望として，「これからも継続して」新聞を読んで知識を得て，表現力をつけたいと述べる(…C)。

六〔四字熟語〕

①「前代未聞」は，今まで聞いたことがないような珍しいこと。　②「心機一転」は，あることをきっかけに，気持ちがすっかり変わること。　③「馬耳東風」は，他人の意見を聞き流すこと。　④「単刀直入」は，ずばり本質を突くこと。

2019年度 堀越高等学校

【英　語】

英語・数学・国語 合わせて90分，各100点

1 次の各組の英文がほぼ同じ意味になるように、（　　）内に適切な語を入れなさい。

（1）
This notebook is mine.
This is (　　　　　　) notebook.

（2）
I am a member of the soccer club.
I am (　　　　　　) the soccer club.

（3）
Mary is able to run fast.
Mary (　　　　　　) run fast.

（4）
Don't eat your lunch before 12 o'clock.
You (　　　　　　) not eat lunch before 12 o'clock.

（5）
Tim is the tallest in my class.
Tim is (　　　　　　) than any other student.

（6）
Kazu has a best friend living in China.
Kazu has a best friend (　　　　　　) lives in China.

2 次の各英文が正しくなるように、（　　）内から適切な語句を選び、記号で答えなさい。

（1）(ア. Did　イ. Does　ウ. Do) you buy the CD yesterday?

（2）Emily was too hungry (ア. so move　イ. to move　ウ. enough to move).

（3）Ken has already (ア. eats　イ. ate　ウ. eaten) lunch.

（4）This cheese is (ア. make　イ. making　ウ. made) from milk.

（5）Please give me something (ア. in　イ. to　ウ. of) drink.

3 次の英文の応答として最もふさわしいものをア～オから1つずつ選び、記号で答えなさい。

(1) 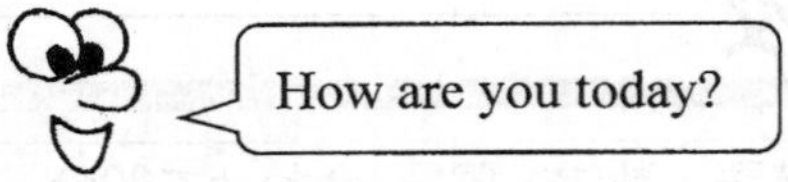
How are you today?

(2) 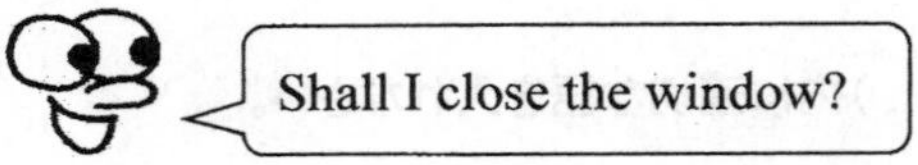
Shall I close the window?

(3) 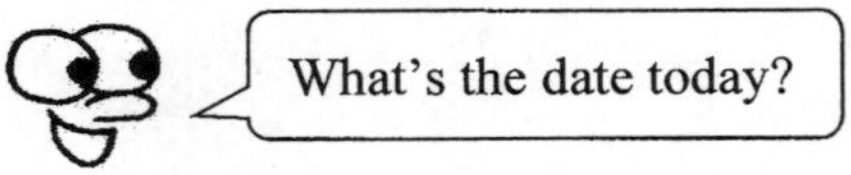
What's the date today?

(4) 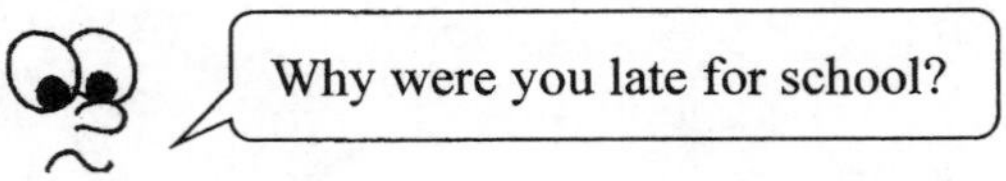
Why were you late for school?

(5) 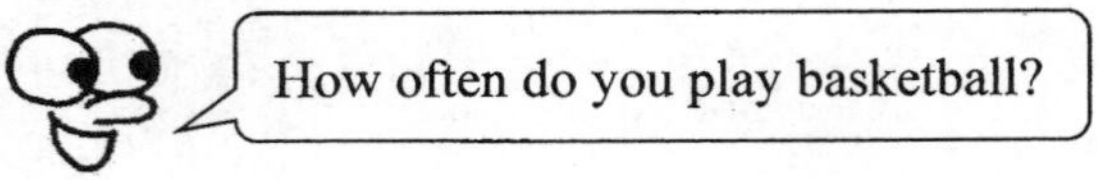
How often do you play basketball?

ア. 
It's November 15th.

イ. 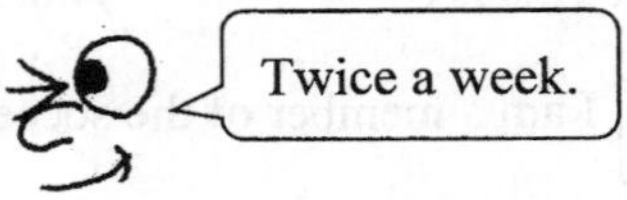
Twice a week.

ウ. 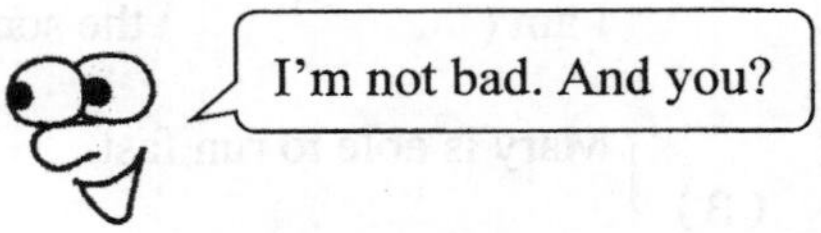
I'm not bad. And you?

エ. 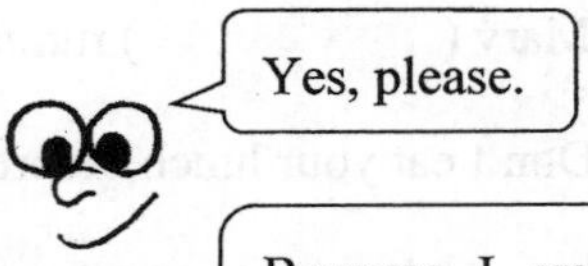
Yes, please.

オ. 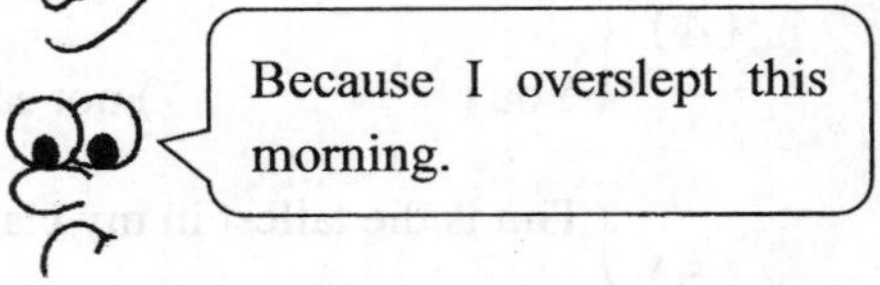
Because I overslept this morning.

4 次の日本文に合うように、(　　)内の語句を並べ換えて英文を作ったとき、2番目と4番目にくる語句を記号で答えなさい。（文頭にくる語も小文字で書いてあります）

(1) このセーターを乾かしておいてください。
(ア. this　イ. please　ウ. dry　エ. keep　オ. sweater).

(2) 週末はどこへ行きましたか。
(ア. did　イ. last　ウ. go　エ. where　オ. you　カ. weekend)?

(3) 先生は私に宿題を持ってくるように言いました。
(ア. my homework　イ. me　ウ. my teacher　エ. bring　オ. told　カ. to).

(4) 私は友達に会うためにハワイに行きました。
(ア. Hawaii　イ. to　ウ. I　エ. see　オ. went to　カ. my friend).

(5) マリアとトーマスは５年前仙台にいました。
(ア. years　イ. were　ウ. ago　エ. Maria and Thomas　オ. Sendai　カ. in　キ. five).

5 右は **HORIHORI DINER** のメニューです。次の文を読み、下の問いに答えなさい。

豊(Yutaka)と環奈(Kanna)はレストランで店員(Clerk)に注文をしています。

Yutaka : Today is our 10th wedding anniversary, Kanna. I've reserved this restaurant since last year.
Kanna : Yes. I'm so happy to be with you. And Thank you so much!
Yutaka : I'm happy too! By the way, there are 2 courses A and B in this restaurant. A has meat and B has seafood.
Kanna : Maybe I'll have meat for dinner.
Yutaka : Ok. Then let's call the clerk.

Clerk : Are you ready to order?
Yutaka : We want the A course for today.
Clerk : Sure. Do you want anything else?
Yutaka : Umm… Kanna, can I order more before the A course comes?
Kanna : Sounds good! What else do you want?
Yutaka : I want French Fries and the Special Fried Chicken.
Kanna : Wow, they look so delicious!
Clerk : What drink would you like?
Yutaka : I'll have Coke and she'll have Apple juice.
Clerk : Ok. Do you want any dessert? There's no dessert in the A course.
Kanna : I would like Chocolate Cake. How about you?
Yutaka : Umm, I would like to have a Matcha Cake.
Clerk : Ok. Have a nice dinner, and congratulations on your wedding anniversary.
Kanna : Thank you!

問1 次の質問の答えとなる適切な語句を上の英文を参考にして、簡潔に答えなさい。

（1） Why are Yutaka and Kanna at the restaurant?

（2） What course did they choose?

（3） What did Yutaka choose for dessert?

問2 次の質問の答えとなる適切な語句を右のメニューを参考にして、簡潔に答えなさい。

（1） What time is the last order?

（2） How much is the Pork Steak?

（3） What is the same meal in A course and B course?

（4） ピザにはいくつの種類がありますか。

（5） 記念日お祝いプランの場合、スペシャルディスカウントで、どのくらいの割引がありますか。

（6） 会計時、2人が支払う金額はいくらですか。（＄1＝￥100として考え、￥で答えなさい。）

HORIHORI DINER

DINNER MENU（17:00~23:00 Last Order 22:30）

- French Fries - $4.00
- Garlic Shrimp with Bread - $6.50
- Cheese Omlet - $9.80
- Special Fried Chiken - $12.00
- Pizza - $13.00

(Cheese, Tomato and Bazil, Salami)

- Steak

(Beef - $11.00 / Pork - $10.00)

- Pasta - $9.80

(Tomato, Seafood, Peperoncino)

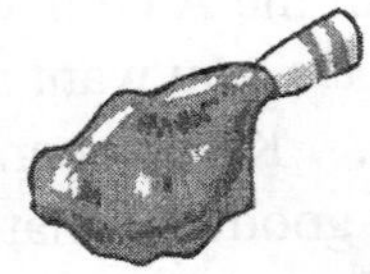

COURSE

A course $50.00

- Cheese Salad
- Chicken Soup
- Main Dish (Beef with Onion sauce)
- Drink

Coffee / Tea (Hot・Iced)

Beer / Wine (Red・White)

Coke / Soda with Lemon

Grape juice / Apple juice

B course $40.00

- French Salad
- Chicken Soup
- Main Dish (Salmon and Shrimp)
- Drink

Coffee / Tea (Hot・Iced)

Wine (Red・White)

Coke / Lemon and Lime Soda

Lemonade / Orange juice

SPECIAL DISCOUNT

Wedding, Anniversary, Birthday ......etc.

Any plans could be 20% OFF from the total price!!!

＋ $2.00 Dessert

・Chocolate Cake / Cheese Cake / Matcha Cake

・Strawberry Jelly

【数　学】

1 次の計算をしなさい。

（1）$(-2)^2+4-3^2$

（2）$\frac{5}{3}\times\frac{9}{4}-\frac{7}{2}\div\frac{14}{3}$

（3）$5\sqrt{7}+\sqrt{28}-\sqrt{63}$

（4）$-2xy^2\div12x^2y^3\times(6xy)^2$

（5）$(\sqrt{5}-2)(2\sqrt{5}+3)$

2 次の各問いに答えなさい。

（1）一次方程式 $\frac{3x+1}{2}=2x-5$ を解きなさい。

（2）二次方程式 $x^2-7x+7=0$ を解きなさい。

（3）連立方程式 $\begin{cases}4x-y=7\\y=2x-1\end{cases}$ を解きなさい。

（4）$9x^2-1$ を因数分解しなさい。

（5）8％の食塩水 150 g に溶けている食塩の量は何 g か求めなさい。

3

今年は年号（和暦）が変わる年です。現在の「平成」は西暦 1989 年 1 月 8 日から始まり，今年の 4 月 30 日で終わります。下記の「1ヶ月の日数」を参考にして，「平成」に関する次の各問いに答えなさい。

1ヶ月の日数

- 1月・3月・5月・7月・8月・10月・12月は 31 日間である。
- 4月・6月・9月・11月は 30 日間である。
- 2月は，平年は 28 日間であるが，4年に一度の閏《うるう》年は 29 日間である。

（1）　平成になって最初の閏年は平成 4 年でした。今年までに閏年は何回ありましたか。

（2）　1 年間の日数は，平年が 365 日，閏年が 366 日です。平成は全部で何日間ですか。

（3）　平成元年 1 月 8 日は日曜日でした。今年の 4 月 30 日までに日曜日は何回ありますか。

（4）　平成最後の日（4 月 30 日）は何曜日ですか。

4

右の図のように，2 つの直線　$y=x+4$…①，$y=-3x+12$…②　がある。
点Aは直線①と x 軸との交点，点Bは直線②と x 軸との交点，
点Cは直線①と直線②との交点である。このとき，次の各問いに答えなさい。

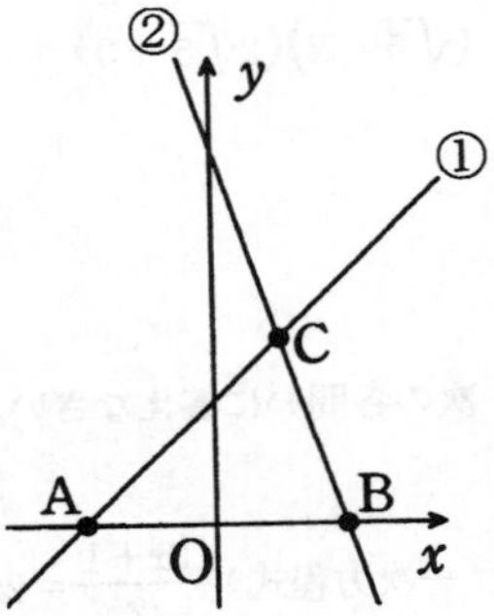

（1）　点Aの座標を求めなさい。

（2）　点Cの座標を求めなさい。

（3）　点Aと点Cの中点をDとするとき，点Dの座標を求めなさい。

（4）　△ABCと△ABDの面積比を最も簡単な整数で求めなさい。

五

次の①〜⑤の歴史的仮名遣いで書かれた語について、下の語群の漢字を使って二字熟語を作りなさい。なお、漢字は全て一度ずつ使うものとする。

① かうい
② しういつ
③ けふ
④ ゐしやく
⑤ くわいぐわ

〈語群〉

秀　今
絵　更
会　画
日　釈
逸　衣

ウ．私はすみれちゃんの手が冷たいことが怖くて、自分から触れることはもちろん、積極的に気遣うつもりもない様子である。

エ．すみれちゃんが鳥に対して強い思いを抱いていることは、家族はもちろんのこと、家族以外の身近な人も知っている。

オ．すみれちゃんとずっと一緒に暮らしてきたひばりさんは、彼女の体調を心配して適切な対応をしている。

二

次の①～⑤の熟字訓の読みをひらがなで答えなさい。

① 弥生　② 土産　③ 真面目　④ 足袋　⑤ 素人

三

次の図について、例のように時計回りで二字熟語ができるよう、空欄①～⑤に当てはまる漢字を下の語群から選び、抜き出して答えなさい。なお、漢字は全て一度ずつ使うものとする。

例

問題

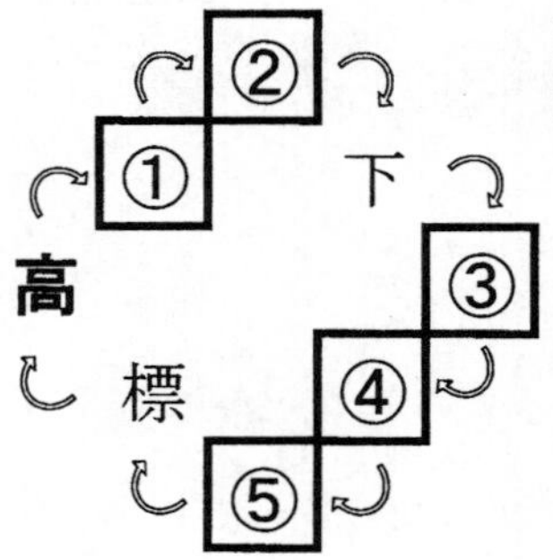

〈語群〉
校　目　風　名　波

四

次の①～⑤について、傍線部の品詞が他と違うものを探し、記号で答えなさい。

① ア．初夏が買い時だ。　イ．シロは賢い犬だ。　ウ．丸い月が好きだ。　エ．深い傷を負った。

② ア．きれいに並べる。　イ．穏やかに暮らす。　ウ．栄光に近道なし。　エ．見事に完遂する。

③ ア．まったく客が来ない。　イ．いよいよ出発の時だ。　ウ．かれこれ十分経った。　エ．めりはりを強調する。

④ ア．なくす前に記名する。　イ．勉強にやる気を出す。　ウ．見えたのはある男だ。　エ．根本的な条件を欠く。

⑤ ア．よいしょ、と運び出す。　イ．くしゃみ、鼻水が出る。　ウ．なるほど、そうきたか。　エ．やった！　私が優勝だ。

ⓓ不意にまた、お茶会を開きたくなった。この春から、関西の大学に通うことになっていた。［ C ］、もうすぐ私はこの家を出る。初めての、ひとり暮らしだった。生まれて初めて、すみれちゃんと離れて暮らす。私が家を出る準備は、もうすでに整っている。

いったん台所に戻り、急いでお茶会のⓔ支度を整えた。

「すみれちゃん、おいしいお紅茶を淹《い》れてきましたよ」

お茶セットを載せたトレーを慎重に運びながら、すみれちゃんに声をかける。㋒すみれちゃんは、介護ベッドの背を少し上げ、黙って外を見つめていた。すみれちゃんが入院している間に、父が業者に頼んで部屋に入れたベッドだった。私は、しずしずとティーカップを持って、すみれちゃんのベッドに近づいた。

といっても、すみれちゃんはもう、自力で熱いお茶を飲むことはできない。私は、少しお湯を入れて温めた空っぽのコップを⑤ニギらせた。㋓これだったら、ただ手のひらで包んでいるだけで、気持ちいいはずだ。

――小川糸『リボン』より――

問1 ［ A ］～［ C ］に当てはまる適切な語を次の中から選び、それぞれ記号で答えなさい。

ア．だから　イ．そして　ウ．けれど

問2 傍線部ⓐ～ⓔの漢字の読みをひらがなで答えなさい。

問3 傍線部①～⑤のカタカナを漢字に直しなさい。

問4 傍線部㋐「ふたりで育てた希望」とあるが、この部分が具体的に示しているものを、本文中から四字で抜き出して答えなさい。

問5 傍線部㋑「すみれちゃんが、羨《うらや》ましかった。」とあるが、それはなぜか。その理由として適切なものを次の中から一つ選び、記号で答えなさい。

ア．自分がもう会いたくなかったリボンをすみれちゃんが見せてきたから。

イ．自分が再会したいと思っていたリボンをすみれちゃんが見つけたから。

ウ．自分が会って話したかったすみれちゃんがリボンの話しかしないから。

エ．自分がようやく再会したリボンをすみれちゃんが簡単に発見したから。

問6 傍線部㋒「すみれちゃんは、介護ベッドの背を少し上げ、黙って外を見つめていた。」とあるが、すみれちゃんの健康状態がわかる描写を、本文中から十七字で抜き出して答えなさい。

問7 傍線部㋓「これだったら、ただ手のひらで包んでいるだけで、気持ちいいはずだ。」とあるが、私がそう思ったのはなぜか。理由として考えられる適切なものを次の中から一つ選び、記号で答えなさい。

ア．すみれちゃんの指が、つららのように冷たかったから。

イ．すみれちゃんの心が、氷のように冷えきっていたから。

ウ．すみれちゃんの手が、しもやけで赤くなっていたから。

エ．すみれちゃんの体が、冷えきって動かなくなったから。

問8 次の各文について、本文の内容と一致するものには〇、一致しないものには×で答えなさい。

ア．すみれちゃんのふとした行動が懐かしさを感じさせ、私は感傷的な気持ちになっている。

イ．病室からは雑木林が見えており、すぐそこに黄色い鳥がいるということを、すみれちゃんは私に伝えてきた。

二〇一九年度 堀越高等学校

【国語】

問いに字数制限がある場合、句読点などの文章記号も字数に含めます。

一 次の文章を読んで、後の問いに答えなさい。

私は、急ぎ足ですみれちゃんのそばに近づいた。しーっとやったすみれちゃんのその①シグサが懐かしくて、瞳の表面にみるみると涙がふくらんでくる。あの時もそうだった。すみれちゃんが、髪の毛の巣の中に秘密を持ち込んだ日。あの時も、しーっと言われた気がする。

あの日、生まれて初めてすみれちゃんの部屋にお邪魔した。［A］、髪の毛の巣の中にある、小さな卵を見せてもらった。あれは、私とすみれちゃん、㋐ふたりで育てた希望だった。希望とは生まれることだと、すみれちゃんが教えてくれたのだ。

「見て見て」

すみれちゃんの手が、私の肩にⓐ遠慮がちに触れる。すみれちゃんの指は、まるでつららのように冷たい。私は気づかなかったふりをして、そっと、その指を自分の手のひらで包み込む。

「ひばりさん、さっきからあそこに、黄色い鳥がいるの」

すみれちゃんは、私の耳元で内緒話をするようにコソコソとささやいた。その息がくすぐったくて、思わず体をよじってしまう。二階の病室の窓の向こう側には、広大なⓑ雑木林が広がっていた。

「黄色い鳥?」

「そう、ほらすぐそこにいるじゃない」

［B］私には、どうしても見えなかった。

三月の梢《こずえ》に、まだ②シンリョクは芽吹いていない。いればすぐに見つけられるはずなのに。すると、すみれちゃんがまた、私の耳元に甘い息を吹きつける。病室は個室になっているし、看護婦さんがいるわけでもないのに、すみれちゃんは私だけに伝えたいらしい。

「ほら、今、ひばりさんの方を見てる！ あれ、絶対にリボンよ。リボンが、会いに来てくれたのよ」

おそらく、すみれちゃんの瞳には本当に見えていたのだろう。そして、私には見えなかった。

すみれちゃんが声に出して呼んだリボンという響きに、胸が苦しくなる。重たい鉄の扉がいきなりぶわっと開いて、風が吹き抜けるようだった。㋑すみれちゃんが、羨《うらや》ましかった。私も、リボンに会いたかった。リボンが見えなかった私は、それでもすみれちゃんに話を合わせた。

「ほんとだね、リボンが、すみれちゃんを探し出してくれたんだよ。よかったね、すみれちゃん、リボンに会えて」

そう言った③シュンカン、堪《こら》えていた涙がぽとりと落ちる。私は、突然の天気雨みたいに、笑いながら泣き続けた。

私が幼い頃、すみれちゃんはよく、かつて住んでいた家の物干し台から、双眼鏡をのぞき込んでいた。お気に入りのゆり椅子に体を預けて、時々、ⓒ水筒に入れた甘い味のコーヒーを、ちびちびとなめるようにして飲んでいた。

でも、どうしてそれほどまでに鳥に想いを馳《は》せるのかは、家族の誰も知らなかった。すみれちゃんが、病院から自宅に戻って数日後のことだ。私はすみれちゃんの部屋にお茶のセットを持ち込んで、そこでハーブティーを飲んでいた。幼い頃のお茶会の④ギシキが懐かしかった。そういえば、すみれちゃんと春のお茶会を開いたのは、結局、リボンも交えて三人でやった、あの日が最後だった。翌年からはもう、すみれちゃんも私も、いくら桜が咲いても声をかけ合わなくなっていたからだ。引っ越しをして、環境が変わったというのも、あったかもしれない。

英語解答

1 (1) my (2) in (3) can
(4) must (5) taller
(6) who〔that〕

2 (1) ア (2) イ (3) ウ (4) ウ
(5) イ

3 (1) ウ (2) エ (3) ア (4) オ
(5) イ

4 (1) ２番目…エ ４番目…オ
(2) ２番目…ア ４番目…ウ
(3) ２番目…オ ４番目…カ
(4) ２番目…オ ４番目…イ
(5) ２番目…イ ４番目…オ

5 問１ (1) Because it is their 10th wedding anniversary.
(2) A course
(3) Matcha Cake
問２ (1) 22:30
(2) $10.00〔¥1000〕
(3) Chicken Soup
(4) 3 種類 (5) 20%
(6) ¥9600

1〔書き換え―適語補充〕

(1)「このノートは私のものです」→「これは私のノートです」 所有代名詞「～のもの」は，‘代名詞の所有格「～の」＋名詞’で書き換えられる。

(2)「私はサッカー部の一員です」→「私はサッカー部に入っています」 a member of ～「～の一員」は，‘be動詞＋in the ～ club’「～部に入っている」で表せる。

(3)「メアリーは速く走れる」 be able to ～「～できる」は，助動詞 can でも表せる。

(4)「12時より前に昼食を食べてはいけません」 ‘禁止’を表す命令文 Don't ～は，must not ～「～してはいけない」で書き換えられる。

(5)「ティムはクラスで一番背が高い」→「ティムは他のどの生徒よりも背が高い」 最上級「最も～だ」は‘比較級＋than any other＋単数名詞’で書き換えられる。

(6)「カズには中国に住んでいる親友がいる」 living は「～している」という意味を表す現在分詞の形容詞的用法で，friend を修飾している。主格の関係代名詞 who〔that〕でも，後ろから friend を修飾するまとまりをつくれる。

2〔適語(句)選択〕

(1)yesterday「昨日」があるので過去の文だと判断できる。 「昨日，あなたはCDを買いましたか」

(2)‘too ～ to …’「～すぎて…できない」の表現。 「エミリーはおなかがすきすぎて動けなかった」

(3)has already とあるので，‘have/has＋過去分詞’の現在完了にする。 eat－ate－eaten 「ケンはもう昼食を食べた」

(4)牛乳はチーズの原料なので，‘be動詞＋過去分詞’の受け身形で be made from ～「～でできている」とするのが適切。 「このチーズは牛乳でできている」

(5)something は後ろから‘to＋動詞の原形’（to不定詞の形容詞的用法）で修飾することで，「何か～するもの」を表せる。 「何か飲むものをください」

3〔対話文完成―適文選択〕

(1)「今日は元気？」―ウ．「悪くないよ。君は？」 今日の調子や機嫌を尋ねる挨拶に対する答えとしては，自分の状態を述べたうえで相手に尋ね返しているウが適切。

(2)「窓を閉めましょうか？」―エ．「ええ，お願いします」 Shall I ～？「～しましょうか」という提案に対しては，Yes と自分の意思を述べているエが適切。

(3)「今日は何日？」―ア．「11月15日です」　What's the date？は‘日付’を尋ねる文。

(4)「なぜ学校に遅刻したの？」―オ．「今朝，寝坊したからです」　Why ～？「なぜ～」ときかれているので，Because ～「なぜなら～」と‘理由’を説明しているオが適切。

(5)「どのくらいの頻度でバスケットボールをしているの？」―イ．「週に２回だよ」　How often ～？は‘頻度’を尋ねる表現。

4〔整序結合〕

(1)「～してください」は‘please＋動詞の原形…’で表す。「～を…(の状態)にしておく」は，‘keep＋目的語(句)＋形容詞’で表す。　Please keep this sweater dry.

(2)「どこへ」を表す疑問詞 where は文頭に，‘時’を表す「週末」last weekend は文末に置く。　Where did you go last weekend？

(3)「〈人〉に～するように言う」は‘tell ＋人＋ to ～’。　My teacher told me to bring my homework.

(4)「私はハワイに行きました」I went to Hawaii が文の骨組み。後ろから副詞的用法の to不定詞で「～するために」と‘目的’を説明する。　I went to Hawaii to see my friend.

(5)「～にいる」は be動詞で表せる。‘時’を表す「５年前」five years ago は文末に置く。　Maria and Thomas were in Sendai five years ago.

5〔長文読解総合―会話文〕

≪全訳≫❶**豊(Y)**：今日は僕たちの10回目の結婚記念日だね，環奈。僕はこのレストランを昨年から予約していたんだよ。❷**環奈(K)**：そうね。あなたといられてとても幸せよ。そして，本当にありがとう！❸**Y**：僕も幸せだよ！　ところで，このレストランにはＡとＢの２つのコースがあるんだ。Ａが肉で，Ｂがシーフードだよ。❹**K**：夕食はお肉にしようかな。❺**Y**：わかった。じゃあ店員を呼ぼう。❻**店員(C)**：ご注文はお決まりですか？❼**Y**：今日はＡコースをいただきます。❽**C**：承知しました。他に何か召し上がりますか？❾**Y**：うーん。環奈，Ａコースが来る前にもう少し頼んでいい？❿**K**：いいわね！　他に何が食べたいの？⓫**Y**：フライドポテトとスペシャルフライドチキンが欲しいな。⓬**K**：わあ，とてもおいしそう！⓭**C**：お飲み物は何がよろしいですか？⓮**Y**：僕はコーラ，彼女はリンゴジュースを。⓯**C**：わかりました。デザートはいかがですか？　Ａコースにはデザートがついておりません。⓰**K**：チョコレートケーキが食べたいわ。あなたは？⓱**Y**：うーん，僕は抹茶ケーキをいただきます。⓲**C**：承知しました。よい夕食を。そして結婚記念日おめでとうございます。⓳**K**：ありがとう！

問１＜英問英答＞(1)「豊と環奈はなぜレストランにいるのか」―「彼らの10回目の結婚記念日だから」　第１段落参照。　(2)「彼らが選んだのは何のコースか」―「Ａコース」　第７段落参照。　(3)「豊がデザートに選んだのは何か」―「抹茶ケーキ」　第17段落参照。

問２＜英問英答・英文解釈＞(1)「ラストオーダーは何時か」―「22時30分」　メニュー右上にラストオーダーの時間が記載されている。　(2)「ポークステーキはいくらか」―「10ドル」　メニュー右上の Steak の欄に，Beef と Pork それぞれの値段が示されている。　(3)「ＡコースとＢコースで同じ食事は何か」―「チキンスープ」　メニュー下半分に記載された２つのコースのうち，meal「食事」で共通しているのはチキンスープ。　(4)メニュー左上の Pizza 欄に書かれているのは，チーズ，トマトとバジル，サラミの３種類。　(5)「記念日お祝いプラン」の「スペシャルディスカウント」については，メニュー左下に20％オフとの記載がある。(6)２人が頼んだものは，Ａコース50ドルを２人分，フライドポテト４ドル，スペシャルフライドチキン12ドル，デザート２ドルを２人分で，合計120ドル。「記念日お祝いプラン」では合計金額から20％オフになるので，120ドル×0.8＝96ドル。１ドル＝￥100として考えるので，￥9600となる。

数学解答

1 (1) -1　(2) 3　(3) $4\sqrt{7}$
(4) $-6xy$　(5) $4-\sqrt{5}$

2 (1) $x=11$　(2) $x=\dfrac{7\pm\sqrt{21}}{2}$
(3) $x=3,\ y=5$
(4) $(3x+1)(3x-1)$　(5) 12g

3 (1) 7回　(2) 11070日間
(3) 1582回　(4) 火曜日

4 (1) $(-4,\ 0)$　(2) $(2,\ 6)$
(3) $(-1,\ 3)$　(4) $2:1$

1〔独立小問集合題〕

(1)＜数の計算＞$(-2)^2=(-2)\times(-2)=4$，$3^2=3\times3=9$ より，与式$=4+4-9=-1$ である。

(2)＜数の計算＞与式$=\dfrac{5\times9}{3\times4}-\dfrac{7}{2}\times\dfrac{3}{14}=\dfrac{15}{4}-\dfrac{7\times3}{2\times14}=\dfrac{15}{4}-\dfrac{3}{4}=\dfrac{12}{4}=3$

(3)＜平方根の計算＞与式$=5\sqrt{7}+\sqrt{2^2\times7}-\sqrt{3^2\times7}=5\sqrt{7}+2\sqrt{7}-3\sqrt{7}=4\sqrt{7}$

(4)＜式の計算＞与式$=-2xy^2\div12x^2y^3\times36x^2y^2=-\dfrac{2xy^2\times36x^2y^2}{12x^2y^3}=-6xy$

(5)＜平方根の計算＞与式$=\sqrt{5}\times2\sqrt{5}+\sqrt{5}\times3-2\times2\sqrt{5}-2\times3=2\times5+3\sqrt{5}-4\sqrt{5}-6=10+3\sqrt{5}-4\sqrt{5}-6=4-\sqrt{5}$

2〔独立小問集合題〕

(1)＜一次方程式＞両辺に2をかけて，$3x+1=4x-10$，$3x-4x=-10-1$，$-x=-11$，$x=11$ となる。

(2)＜二次方程式＞解の公式より，$x=\dfrac{-(-7)\pm\sqrt{(-7)^2-4\times1\times7}}{2\times1}=\dfrac{7\pm\sqrt{21}}{2}$ である。

(3)＜連立方程式＞$4x-y=7$……①，$y=2x-1$……②とする。②を①に代入して，$4x-(2x-1)=7$，$4x-2x+1=7$，$2x=6$，$x=3$ となり，これを②に代入して，$y=2\times3-1$，$y=5$ となる。

(4)＜因数分解＞$a^2-b^2=(a+b)(a-b)$ より，与式$=(3x)^2-1^2=(3x+1)(3x-1)$ となる。

(5)＜数の計算＞食塩の量は，食塩水150gのうちの8％なので，$150\times\dfrac{8}{100}=12$(g)となる。

3〔特殊・新傾向問題〕

(1)＜閏年の回数＞閏《うるう》年は4年に一度で，平成になって最初の閏年は平成4年だったので，平成31年までに，平成4年，8年，12年，16年，20年，24年，28年の7回あった。

(2)＜平成の日数＞平成元年は平年で，1月8日から始まったから，平成元年の日数は，$365-7=358$(日)である。平成2年から平成30年までの29年間で，(1)より閏年は7回だから，平年は$29-7=22$(回)ある。よって，この29年間の日数は，$365\times22+366\times7=10592$(日)である。平成31年は，1月が31日，2月が28日，3月が31日，4月が30日だから，日数は，$31+28+31+30=120$(日)である。以上より，平成は，$358+10592+120=11070$(日間)である。

(3)＜日曜日の回数＞(2)より，平成は11070日間だから，$11070\div7=1581$ あまり3より，1581週と3日ある。平成元年1月8日が日曜日だったので，1582週目の3日間は日曜日から始まることになり，日曜日は1582回となる。

(4)＜曜日＞(3)より，平成の1582週目の3日間は，日曜日，月曜日，火曜日だから，平成の最後の日(4月30日)は火曜日である。

4 〔関数―一次関数〕

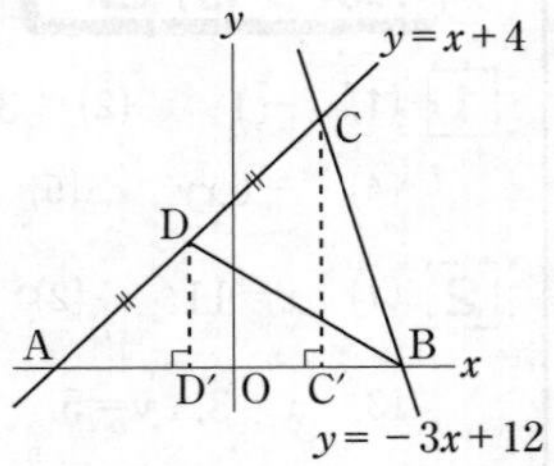

(1)＜座標＞右図で，点Aは直線 $y=x+4$ と x 軸との交点だから，$y=0$ を代入して，$0=x+4$，$x=-4$ となり，A$(-4,\ 0)$である。

(2)＜座標＞右図で，点Cは直線 $y=x+4$ と直線 $y=-3x+12$ との交点だから，$x+4=-3x+12$，$4x=8$，$x=2$ となり，$y=2+4$，$y=6$ となる。よって，C$(2,\ 6)$である。

(3)＜座標＞右図で，(1)よりA$(-4,\ 0)$，(2)よりC$(2,\ 6)$だから，線分ACの中点Dの x 座標は $\frac{-4+2}{2}=-1$，y 座標は $\frac{0+6}{2}=3$ となる。よって，D$(-1,\ 3)$である。

(4)＜面積比＞右上図で，△ABCと△ABDの底辺をそれぞれAC，ADと見ると，高さは等しいから，△ABC：△ABD＝AC：ADである。点Dは線分ACの中点だから，AC：AD＝2：1であり，△ABC：△ABD＝2：1となる。

≪別解≫右上図で，2点C，Dから x 軸にそれぞれ垂線CC′，DD′を引くと，点C，Dの y 座標がそれぞれ6，3より，CC′＝6，DD′＝3となる。よって，△ABC：△ABD＝$\frac{1}{2}$×AB×CC′：$\frac{1}{2}$×AB×DD′＝CC′：DD′＝6：3＝2：1となる。

国語解答

一 問1　A…イ　B…ウ　C…ア

問2　ⓐ　えんりょ　ⓑ　ぞうきばやし　ⓒ　すいとう　ⓓ　ふい　ⓔ　したく

問3　①　仕草　②　新緑　③　瞬間　④　儀式　⑤　握

問4　小さな卵　問5　イ

問6　自力で熱いお茶を飲むことはできない

問7　ア

問8　ア…○　イ…○　ウ…×　エ…×　オ…○

二 ①　やよい　②　みやげ　③　まじめ　④　たび　⑤　しろうと

三 ①　波　②　風　③　校　④　名　⑤　目

四 ①　ア　②　ウ　③　エ　④　ウ　⑤　イ

五 ①　更衣　②　秀逸　③　今日　④　会釈　⑤　絵画

一〔小説の読解〕出典；小川糸『リボン』。

≪本文の概要≫「私」がすみれちゃんの病室に入ってそばに近づくと，すみれちゃんは，窓の外の雑木林に黄色い鳥がいると教えてくれた。だが，「私」には，その鳥が見えなかった。すみれちゃんは，その鳥を，以前「私」と卵から育てたリボンだと言う。リボンが見えているのであろうすみれちゃんを羨ましく思いながら，「私」は，すみれちゃんに話を合わせた。すみれちゃんは，「私」が幼い頃，かつて住んでいた家の物干し台から双眼鏡をのぞき込んで鳥を見ていたが，どうしてそれほどまでに鳥に想いをはせるのかは，家族の誰も知らない。すみれちゃんが退院してから数日後，すみれちゃんの部屋でハーブティーを飲んでいた「私」は，幼い頃，すみれちゃんとリボンと三人で開いた春のお茶会を思い出して，お茶会の支度を整えた。そして，もう自分一人では熱いお茶を飲むことのできないすみれちゃんのために，少しお湯を入れて温めてから空にしたコップをすみれちゃんに握らせた。「私」は，温かいコップを手のひらで包んでいるだけですみれちゃんは気持ちいいはずだと思った。

問1＜接続語＞A．「私」は「生まれて初めてすみれちゃんの部屋にお邪魔」して，それから「髪の毛の巣の中にある，小さな卵を見せて」もらった。　B．すみれちゃんは，黄色い鳥が「すぐそこにいる」と言ったが，黄色い鳥は，「私には，どうしても」見えなかった。　C．「私」は，「この春から，関西の大学に通うことになっていた」ので，もうすぐこの家を出ていく。

問2＜漢字＞ⓐ「遠慮」は，控えめに振る舞うこと。　ⓑ「雑木林」は，いろいろな種類の木が入りまじった林のこと。　ⓒ「水筒」は，水を入れて持ち歩くための容器のこと。　ⓓ「不意」は，突然で予想外であるさま。　ⓔ「支度」は，準備や段取りのこと。

問3＜漢字＞①「仕草」は，立ち振る舞いや身振りのこと。　②「新緑」は，初夏の若葉の緑のこと。③「瞬間」は，またたく間の，非常に短い時間。　④「儀式」は，特定の作法に従って行われる行事のこと。　⑤音読みは「握手」などの「アク」。

問4＜文章内容＞すみれちゃんが「髪の毛の巣の中」に持ち込んだ「小さな卵」は，「私とすみれちゃん，ふたりで育てた希望」といえるものだった。

問5＜文章内容＞すみれちゃんは，「さっきからあそこに，黄色い鳥がいるの」と「私」に教えて，「あれ，絶対にリボンよ」と言った。「私」は，自分も「リボンに会いたかった」が，「リボンが見えなかった」ので，リボンの姿が見えたすみれちゃんを羨ましく思った。

問6＜文章内容＞すみれちゃんが，「もう，自力で熱いお茶を飲むことはできない」ほど体が弱っていたため，「私」は，少しでもすみれちゃんが気持ちよく過ごせるようにと，「少しお湯を入れて温めた空っぽのコップ」をすみれちゃんに握らせた。

問7＜文章内容＞「私」は，病室ですみれちゃんの手が肩に触れたとき，「すみれちゃんの指は，まるでつららのように冷たい」ということに気づいた。そのため，お湯を入れて温めた空っぽのコップを握れば，すみれちゃんの冷たい指にも，ぬくもりが伝わって気持ちいいだろうと考えた。

問8＜要旨＞「私」は，「しーっとやったすみれちゃんのその仕草」を懐かしく思い，「瞳の表面にみるみると涙がふくらんでくる」のを感じている(ア…○)。すみれちゃんの「二階の病室の窓の向こう側には，広大な雑木林が広がって」おり，すみれちゃんは，「さっきからあそこに，黄色い鳥がいるの」と「私」に教えた(イ…○)。「私」は，関西の大学に通うため，もうすぐ家を出て，「生まれて初めて，すみれちゃんと離れて暮らす」ことになっているが，すみれちゃんの体を気遣い，すみれちゃんの冷たい指を「自分の手のひらで」包み込んだり，すみれちゃんが気持ちいいように，「少しお湯を入れて温めた空っぽのコップ」をすみれちゃんに握らせたりしている(ウ…×，オ…○)。すみれちゃんは，昔から「双眼鏡をのぞき込んで」鳥を見ていたが，「どうしてそれほどまでに鳥に想いを馳せるのか」については，「家族の誰も」知らなかった(エ…×)。

二〔漢字〕

①「弥生」は，陰暦の三月。　②「土産」は，誰かに贈るために旅行先などで買っていく土地の名物のこと，あるいは他人の家を訪ねるときに持参する贈り物のこと。　③「真面目」は，態度や性格が真剣で誠実であること。　④「足袋」は，和服を着るときに履く，爪先が二つに分かれている履き物のこと。　⑤「素人」は，ある分野についての専門的な知識や技能のない人。

三〔漢字〕

順に「高波」→「波風」→「風下」→「下校」→「校名」→「名目」→「目標」→「標高」という熟語ができる。

四〔品詞〕

①「買い時」は，動詞「買う」の連用形「買い」と名詞の「時」が結びついた複合名詞。「賢い」「丸い」「深い」は，形容詞の連体形。　②「栄光に」は，名詞「栄光」に助詞「に」がついたもの。「きれいに」「穏やかに」「見事に」は，形容動詞の「きれいだ」「穏やかだ」「見事だ」の連用形。　③「めりはり」は，名詞。「まったく」「いよいよ」「かれこれ」は，副詞で，主に用言を修飾する。　④「ある」は，連体詞で活用がなく，下の名詞「男」を修飾している。「なくす」は，名詞の前にあるので動詞の連体形。「出す」「欠く」は，文末にあるので動詞の終止形。　⑤「くしゃみ」は，名詞で，ここでは「鼻水」とともに主部をつくっている。「よいしょ」「なるほど」「やった」は，感動詞。

五〔歴史的仮名遣い〕

①「au」の発音は，現代仮名遣いでは「ou」に直す。「更衣」は，服を着がえること，あるいは天皇の后で女御に次ぐ位。　②「iu」の発音は，現代仮名遣いでは「yu」に直す。「秀逸」は，他よりも特に優れているさま。　③「eu」の発音は，現代仮名遣いでは「you」に直す。また，歴史的仮名遣いの語頭以外のハ行は，現代仮名遣いでは原則として「わいうえお」と読む。「今日」は，本日のこと。　④「ゑ」は「え」に直す。拗音の「や」は，現代仮名遣いでは小さく書く。「会釈」は，小さく頭を下げる挨拶。　⑤「くわ」「ぐわ」は「か」「が」に直す。「絵画」は，線や色彩で物の形などを平面上に描き出したもの。

Memo

Memo

高校を受験する生徒とご父母のための…

2025年度用 高校合格資料集

■首都圏有名書店にて今秋発売予定！

内容目次

※表紙は昨年のものです。

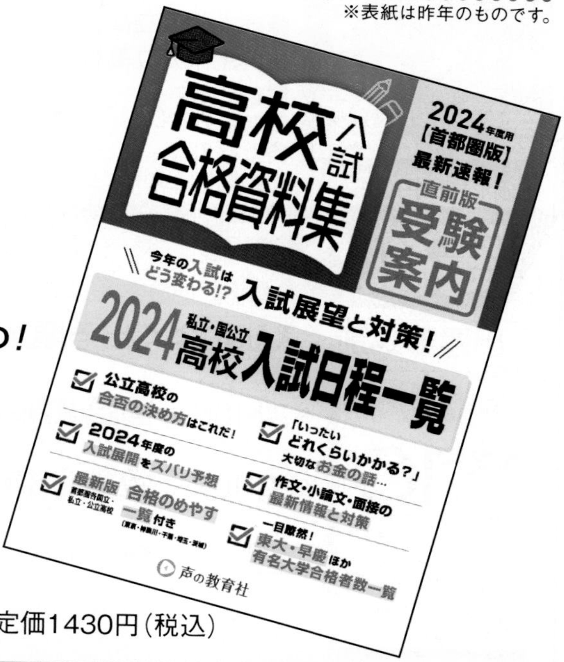

定価1430円（税込）

スーパー過去問の **解説執筆・解答作成スタッフ（在宅）募集！** ※募集要項の詳細は、10月に弊社ホームページ上に掲載します。

2025年度用

高校スーパー過去問

■編集人　声の教育社・編集部

■発行所　株式会社　声の教育社

〒162-0814 東京都新宿区新小川町8-15

☎03-5261-5061㈹ FAX03-5261-5062

https://www.koenokyoikusha.co.jp

※本書の内容についての一切の責任は当社にあります。内容・解説・解答その他の質問等は文書にて当社に御郵送くださるようお願いいたします。

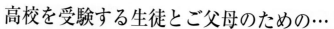

カコを追いかけ
ミライをつかめ
「今の説明、もう一回」を何度でも
web過去問
ストリーミング配信による入試問題の解説動画
声の教育社
詳しくはこちらから

堀越高等学校

別冊解答用紙

丁寧に抜きとって、別冊としてご使用ください。

★教科別合格者平均点＆合格者最低点

年度	英語	数学	国語	合格者最低点
2024	—	—	—	132
2023	60.7	57.0	59.0	121
2022	61.5	52.5	61.3	88
2021	67.4	49.6	66.2	120
2020	70.7	50.8	72.7	123
2019	59.1	54.2	72.4	121

※一は非公表。

注意

○ 解答用紙は、収録の都合により縮小したものや、小社独自に作成したものもあります。
○ 学校配点は学校発表のもの、推定配点は小社で作成したものです。
○ 無断転載を禁じます。
○ 解答用紙を拡大コピーする場合、表示した拡大率に対応する用紙サイズは以下のとおりです。
101%～102%＝B5　103%～118%＝A4　119%～144%＝B4　145%～167%＝A3
(タイトルと配点表は含みません)

２０２４年度　　堀越高等学校

英語解答用紙

番号		氏名	

評点	／100

1	(1)		(2)		(3)		(4)		(5)	

2	(1)		(2)		(3)		(4)		(5)	

3	(1)		(2)		(3)		(4)	
	(5)						(6)	

4	問1	(1)	
		(2)	
		(3)	
		(4)	
		(5)	
	問2	(1)	
		(2)	
		(3)	
		(4)	

(注) この解答用紙は実物を縮小してあります。Ｂ４用紙に123%拡大コピーすると、ほぼ実物大で使用できます。（タイトルと配点表は含みません）

学校配点		計
	1～4　各４点×25	100点

２０２４年度　堀越高等学校

数学解答用紙

番号		氏名	

評点	／100

1
(1)
(2)
(3)
(4)
(5)

2
(1) $x=$
(2) $x=$
(3) $x=$　　, $y=$
(4)
(5)　　g

3
(1)　　円
(2)　　円　高い　・　安い
（どちらかに○）
(3)　　回
(4)　　回

4
(1) $y=$
(2) A(　　,　　)
(3)
(4)

(注)　この解答用紙は実物を縮小してあります。Ｂ４用紙に123%拡大コピーすると、ほぼ実物大で使用できます。（タイトルと配点表は含みません）

学校配点	1, 2　各６点×10　　3, 4　各５点×８	計 100点

二〇二四年度　堀越高等学校

国語解答用紙

番号　　氏名　　評点　／100

一
問1　ⓐ　ⓑ　ⓒ　ⓓ　ⓔ
問2　①　②　③　④　⑤
問3
問4　はじめ　～　終わり　という願い。
問5
問6　A
問7　はじめ　～　終わり　ということ。
問8

二　①　②　③　④　⑤

三　①　②　③　④　⑤

四　①　②　③　④　⑤

五　①　②　③　④　⑤

六　①　②　③　④　⑤

（注）この解答用紙は実物を縮小してあります。Ｂ４用紙に122%拡大コピーすると、ほぼ実物大で使用できます。（タイトルと配点表は含みません）

学校配点	計
一 問1、問2　各2点×10　問3、問4　各6点×2 問5、問6　各4点×2　問7　6点　問8　4点 二～六　各2点×25	100点

２０２３年度　堀越高等学校

英語解答用紙

番号		氏名	

評点	／100

1	(1)		(2)		(3)		(4)		(5)	

2	(1)		(2)		(3)		(4)		(5)	

3	(1)		(2)		(3)		(4)	
	(5)						(6)	

4			
	問1	(1)	
		(2)	
		(3)	
	問2	(1)	
		(2)	
		(3)	
		(4)	
		(5)	
		(6)	

(注)　この解答用紙は実物を縮小してあります。Ｂ４用紙に123％拡大コピーすると、ほぼ実物大で使用できます。(タイトルと配点表は含みません)

学校配点		計
	1～4　各４点×25	100点

2023年度　堀越高等学校

数学解答用紙

番号		氏名		評点	／100

1	(1)		(2)		(3)	
	(4)		(5)			

2	(1)	$x=$	(2)	$x=$	(3)	$x=$　　　，$y=$
	(4)		(5)	g		

3	(1)	日目	(2)	日目	(3)	倍
	(4)	日				

4	(1)	A(　　　,　　　)	(2)		(3)	$y=$
	(4)	：				

(注) この解答用紙は実物を縮小してあります。Ｂ４用紙に123％拡大コピーすると、ほぼ実物大で使用できます。(タイトルと配点表は含みません)

学校配点	1，2　各６点×10　　3，4　各５点×８	計 100点

二〇二三年度　堀越高等学校

国語解答用紙

番号　氏名　評点　/100

一
問1　ⓐ　ⓑ　ⓒ　ⓓ　ⓔ
問2　①　②　③　④　⑤
問3　A　B　C　品詞
問4　であるということ。
問5
問6
問7　はじめ　～　終わり
問8　ア　イ　ウ　エ

二　①　②　③　④　⑤

三　①　②　③　④　⑤

四　①　②　③　④　⑤

五　①　②　③　④　⑤

六　順番　↓　↓　↓　↓

(注) この解答用紙は実物を縮小してあります。B４用紙に122%拡大コピーすると、ほぼ実物大で使用できます。(タイトルと配点表は含みません)

学校配点

一　問1～問3　各2点×14　問4　4点　問5、問6　各3点×2
問7　4点　問8　各2点×4
二～四　各2点×15
五　各3点×5
六　5点

計　100点

２０２２年度　堀越高等学校

英語解答用紙

番号		氏名		評点	／100

1	(1)		(2)		(3)		(4)		(5)	

2	(1)		(2)		(3)		(4)		(5)	

3	(1)		(2)		(3)		(4)		
	(5)						(6)		

4	問1	(1)	
		(2)	
	問2	(1)	
		(2)	
		(3)	
		(4)	円
		(5)	円
		(6)	
	問3		

（注）この解答用紙は実物を縮小してあります。Ｂ４用紙に123%拡大コピーすると、ほぼ実物大で使用できます。（タイトルと配点表は含みません）

学校配点		計
	1～4　各４点×25	100点

２０２２年度　堀越高等学校

数学解答用紙

番号		氏名		評点	／100

1	(1)		(2)		(3)	
	(4)		(5)			

2	(1)	$x=$	(2)	$x=$	(3)	$x=$　　，$y=$
	(4)		(5)	%		

3	(1)	m	(2)	km	(3)	基

4	(1)	$a=$	(2)	$b=$	(3)	$y=$
	(4)					

(注) この解答用紙は実物を縮小してあります。Ｂ４用紙に123%拡大コピーすると、ほぼ実物大で使用できます。(タイトルと配点表は含みません)

学校配点		計
	1 各５点×５　2 各６点×５ 3 各７点×３　4 各６点×４	100点

二〇二二年度　堀越高等学校

国語解答用紙

番号　　氏名　　評点　／100

一

問1　ⓐ　ⓑ　ⓒ　ⓓ　ⓔ

問2　①　②　③　④　⑤

問3

問4　A　B　C

問5

問6　はじめ　〜　終わり

問7

問8　はじめ　〜　終わり　と決めていたから。

問9

二　①　②　③　④　⑤

三　①　②　③　④　⑤

四　順番　→　→　→　→

五　①　②　③　④　⑤

六　①　②　③　④　⑤

（注）この解答用紙は実物を縮小してあります。Ｂ４用紙に122％拡大コピーすると、ほぼ実物大で使用できます。（タイトルと配点表は含みません）

学校配点	計
一 問1、問2　各2点×10　問3、問4　各3点×4　問5、問6　各4点×2　問7　3点　問8　4点　問9　3点 二、三　各2点×10　四　5点 五　各2点×5 六　各3点×5	100点

２０２１年度　　堀越高等学校

英語解答用紙

番号		氏名	

評点	／100

1	(1)		(2)		(3)		(4)		(5)	

2	(1)		(2)		(3)		(4)		(5)	

3	(1)		(2)		(3)		(4)		(5)	
	(6)	2番目		4番目						

4					
問1	(1)				
	(2)				
	(3)				
問2	(1)		(2)		
	(3)		(4)	円	
	(5)	月　日	(6)	分間	

（注）この解答用紙は実物を縮小してあります。Ｂ４用紙に122%拡大コピーすると、ほぼ実物大で使用できます。（タイトルと配点表は含みません）

学校配点		計
	1, 2　各４点×10 3　(1)～(5)　各４点×５　(6)　各２点×２ 4　各４点×９	100点

２０２１年度　　堀越高等学校

数学解答用紙

番号		氏名		評点	／100

1	(1)		(2)		(3)		(4)	

2	(1)	$x=$	(2)	$x=$	(3)	$x=$　　, $y=$
	(4)		(5)		(6)	分速　　m
	(7)	g	(8)	cm^3		

3	(1)	人	(2)	秒	(3)	cm
	(4)	段				

4	(1)	$y=$	(2)	C(　　,　　)	(3)	
	(4)	：				

（注）この解答用紙は実物を縮小してあります。Ｂ４用紙に122%拡大コピーすると、ほぼ実物大で使用できます。（タイトルと配点表は含みません）

学校配点		計
	1～4　各５点×20	100点

二〇二二年度　堀越高等学校

国語解答用紙

番号　　氏名　　評点 /100

一

問1　A　B

問2　ⓐ　ⓑ　ⓒ　ⓓ　ⓔ

問3　①　②　③　④　⑤

問4

問5

問6

問7　〜

問8

問9　〜

問10　ア　イ　ウ　エ　オ

二　①　②　③　④　⑤

三　①　②　③　④　⑤

四　①　②　③　④　⑤

五　順番　→　→　→　→

六　①　②　③　④

（注）この解答用紙は実物を縮小してあります。B４用紙に127％拡大コピーすると、ほぼ実物大で使用できます。（タイトルと配点表は含みません）

学校配点	計
一　問１〜問３　各２点×12　問４〜問９　各４点×６　問10　各２点×５ 二〜四　各２点×15 五　４点 六　各２点×４	100点

２０２０年度　堀越高等学校

英語解答用紙

番号		氏名	

評点	／100

1	(1)		(2)		(3)		(4)		(5)	

2	(1)		(2)		(3)		(4)		(5)	

3	(1)		(2)		(3)	２番目		４番目
	(4)		(5)	人	(6)			

4	問１	(1)			
		(2)			
		(3)			
	問２	(1)		(2)	
		(3)		(4)	
		(5)	円	(6)	枚

(注) この解答用紙は実物を縮小してあります。Ｂ４用紙に122%拡大コピーすると、ほぼ実物大で使用できます。(タイトルと配点表は含みません)

学校配点		計
	1, 2　各４点×10 3　(1), (2)　各４点×２　(3)　各２点×２　(4)〜(6)　各４点×３ 4　各４点×９	100点

２０２０年度　堀越高等学校

数学解答用紙

番号		氏名		評点	／100

1	(1)		(2)		(3)	
	(4)		(5)			

2	(1)	$x=$	(2)	$x=$	(3)	$x=$　　，$y=$
	(4)		(5)	%		

3	(1)	円	(2)	円	(3)	円
	(4)	円				

4	(1)		(2)	$y=$	(3)	$y=$
	(4)		(5)	D(　　，　　)		

（注）この解答用紙は実物を縮小してあります。Ｂ４用紙に123%拡大コピーすると、ほぼ実物大で使用できます。（タイトルと配点表は含みません）

学校配点		計
	1，2　各６点×10　3　各５点×４　4　各４点×５	100点

二〇二〇年度　堀越高等学校

国語解答用紙

番号		氏名	

評点	/100

一

問1　A　B　C

問2　ⓐ　ⓑ　ⓒ　ⓓ　ⓔ

問3　①　②　③　④　⑤

問4

問5

問6　（から）

問7

問8　ア　イ　ウ　エ　オ

二

①　②　③　④　⑤

三

①　②　③　④　⑤

四

①　②　③　④　⑤

五

順番　→　→　→　→

六

①　②　③　④

（注）この解答用紙は実物を縮小してあります。Ｂ４用紙に123%拡大コピーすると、ほぼ実物大で使用できます。（タイトルと配点表は含みません）

学校配点		計
学校配点	一 問1 各3点×3 問2、問3 各2点×10 問4～問7 各4点×4 問8 各3点×5 二～六 各2点×20〔五は完答〕	100点

２０１９年度　堀越高等学校

英語解答用紙

番号		氏名	

評点	／100

1	(1)		(2)		(3)	
	(4)		(5)		(6)	

2	(1)		(2)		(3)		(4)		(5)	

3	(1)		(2)		(3)		(4)		(5)	

4	(1)	２番目		４番目	
	(2)	２番目		４番目	
	(3)	２番目		４番目	
	(4)	２番目		４番目	
	(5)	２番目		４番目	

5	問１	(1)			
		(2)			
		(3)			
	問２	(1)		(2)	
		(3)		(4)	
		(5)		(6)	

(注)　この解答用紙は実物を縮小してあります。Ｂ４用紙に122％拡大コピーすると、ほぼ実物大で使用できます。（タイトルと配点表は含みません）

学校配点		計
	1, 2　各３点×11　3　各４点×５ 4　各２点×10　5　各３点×９	100点

２０１９年度　堀越高等学校

数学解答用紙

番号		氏名		評点	／100

1	(1)		(2)		(3)	
	(4)		(5)			

2	(1)	$x=$	(2)	$x=$	(3)	$x=$　　，$y=$
	(4)		(5)	g		

3	(1)	回	(2)	日間	(3)	回
	(4)	曜日				

4	(1)	A(　　，　　)	(2)	C(　　，　　)	(3)	D(　　，　　)
	(4)	：				

(注) この解答用紙は実物を縮小してあります。Ｂ４用紙に123%拡大コピーすると、ほぼ実物大で使用できます。(タイトルと配点表は含みません)

学校配点		計
	1，2　各６点×10　　3，4　各５点×８	100点

二〇一九年度　堀越高等学校

国語解答用紙

番号		氏名	

評点	/100

一

問1 A　B　C

問2 ⓐ　ⓑ　ⓒ　ⓓ　ⓔ

問3 ①　②　③　④　⑤

問4

問5

問6

問7

問8 ア　イ　ウ　エ　オ

二 ①　②　③　④　⑤

三 ①　②　③　④　⑤

四 ①　②　③　④　⑤

五 ①　②　③　④　⑤

(注) この解答用紙は実物を縮小してあります。A4用紙に116%拡大コピーすると、ほぼ実物大で使用できます。(タイトルと配点表は含みません)

学校配点		計
	一 問1 各3点×3 問2、問3 各2点×10 問4～問7 各4点×4 問8 各3点×5 二～五 各2点×20	100点

Memo